侃氏定理 IV

作者：祝守文先生
主編：徐衍芬博士

De Fu Publishing

網站：www.defupublishing.com
電郵：info@defupublishing.com

《侃氏定理 IV》

(Kan's Theorem IV)

作者:祝守文

版權所有,翻印必究

繁體版精裝書國際書號 (ISBN):

978-1-923572-18-8

簡體版精裝書國際書號 (ISBN):

978-1-923572-19-5

繁體版平裝書國際書號 (ISBN):

978-1-923572-20-1

簡體版平裝書國際書號 (ISBN):

978-1-923572-21-8

繁體版電子書 EPUB 格式國際書號 (ISBN):

978-1-923572-22-5

簡體版電子書 EPUB 格式國際書號 (ISBN):

978-1-923572-23-2

出版:德福出版社

2026年第1版

乾坤再運，天道復開。《侃氏定理 IV》承前三卷之光華，更溯太初宏源，探三元四象之變，究天地萬數之機。侃名雙曜並照，志趣同心；今卷若神圖再啟，顯伏羲女媧遺韻，聽三皇五帝天語，令讀者如立雲巔，俯觀河洛，洞見萬象浮沉。

卷中論時空之法，述三球之和，明六甲之數，揭文明升維之途。文辭或若晨光破霧，或如雷動天際，讀之心神自開，胸臆自遠。此非凡書，實為大宇宙新篇之鑰。願觀者以靜契明，以悟會道，於字裏行間見乾坤，於呼吸瞬息得天心。

前言

非常感謝德福出版社長期以來對《侃氏定理》系列出版工作的鼎力支持。在全人類進入新紀元、新文明結構悄然成型的時代背景下，我們欣然迎來《侃氏定理》第四冊的出版。此冊延續前三冊的深邃洞見，更以恢弘的視野，揭示宇宙法則背後的本源動力，呈現天道運行、文明演化與生命升維之間更為宏大的內在關聯。

自第一冊提出侃氏定理的哲學框架，第二冊探討宇宙生成的精微結構，第三冊進入生命高維的心性覺知，本冊則進一步回溯至創世紀的根脈，從三元體制、四象法則、五行運籌，到農曆、公歷、天乾地支的源流，層層揭示天地萬物秩序背後的數學基因與宇宙密碼。《侃氏定理 IV》不僅是一部宇宙學著作，更是一部貫通歷史源流、文化演化、生命結構與文明未來的思想巨著。

祝守文先生以其非凡的洞察力，將天道規律化為可讀之文，將宏觀宇宙與微觀生命融匯於一體，使這一冊兼具科學推演的嚴密性與精神哲學的高度。他以侃氏定理為橋樑，將華夏古老的河圖洛書、九

宮八卦與現代的宇宙結構、暗物質能量場、文明週期運行相貫通，使天、地、人三界在思想中臻於和諧統一。

老子言：「人法地，地法天，天法道，道法自然。」第四冊正是對這一思想的系統展開，讓我們看見：時間並非線性，空間並非封閉；文明的演進遵循三元開泰、六甲循環的天道秩序；而人類的未來亦將在返璞歸真、天人合一的道路上迎來新的升維契機。

願本冊成為讀者認識宇宙、理解生命、回歸本源的一道明光，引領我們在時代巨流中重建內在秩序，於天地大道中獲得智慧與安寧。

徐衍芬博士

序言一

  祝守文先生，少時即浸潤於中醫世家，深得中華文化之熏陶，心與老子哲思暗契，畢生鍾情《道德經》。此書如明燈常伴其左右，助其在歲月長河中，守靜養心，探尋生命真諦。其精神常與老子玄理共鳴，追索智慧之奧，求索真理之光。《道德經》不僅植根於華夏古風，亦為天地宇宙之藏珍。

  宇宙之學，究天體之源，探日月星辰之秘，闡地球蒼穹之理。此如理性之燭，照徹迷茫，亦如無邊思想之海，蘊藏無盡奇妙。祝先生博採神話、物理、哲理諸學，融合貫通，自成一家，構建其獨特的宇宙觀。

  老子之道，猶如大河奔涌，不息滋潤華夏大地，提倡天人合一，萬物共生。人若順應此道，則心寧神靜，萬事通達；若逆之，則阻於荊棘，難以舒展。祝先生所著，乃其多年研悟老子哲學之結晶，若璀璨明珠嵌於中華文化寶庫，既展現其對宇宙與生命之深邃見解，亦溝通古今，融貫中西，承載思想精華。

Cheang Khoo 博士

序言二

  祝守文先生，積年潛心研讀老子之道，廣思深悟，立志將中華傳統文化之精髓播揚於西方，期使西方讀者得窺道家奧妙，心生敬仰。其對《道德經》之研究，非僅止於學術之論，更在日常中踐行道家順應自然、仁心濟世之精神。此非純粹為智識所求，實為內心對至道真理之熱切追尋。

  此書乃祝先生多年研修老子哲思之心血凝結，尤注重人與天地之間之長久共存。他闡發《道德經》中簡樸自持、謙遜不爭、與自然融洽共生之道理，剖析其如何啟迪當今之人應對環境之危局。於祝先生之深邃解讀中，讀者可得識道家智慧如何浸潤華夏文化，進而明了其為現代社會困境提供之良方妙策。

  祝守文之著作，不獨傳承老子亙古之哲理，亦引導世人省思個體與自然之玄妙聯繫，啟示我們於紛繁世事中，如何追求簡約、平衡與和諧，得天地共濟之道，行人生之坦途。

Keri Spooner 博士

序言三

餘有幸得睹斯書於問世之前，心中激盪，深感啟迪。祝守文先生以簡約明晰之筆，剖析宇宙起源之紛繁玄妙，獨具慧眼，提出「母愛」之大觀。其謂母愛為萬物之本，生命之始，亦為社會之光輝環繞。以此為鏡，祝先生喻宇宙為孕育眾生之母體，展現其對生命本質之深刻洞察。

祝先生尤重人類和合之道，倡言人與自然當共融共生，以臻可持續之昌盛。此言高瞻遠矚，為當今全球挑戰之際，開出寶貴良方，呼籲四海共建繁榮太平之世。

尤堪稱道者，祝先生融合現代科技與古法養生之道，描繪出提升人類康壽之宏圖。其遠見卓識，既助人明悟宇宙之運轉，亦為未來社會和諧發展點燃明燈。餘深盼先生續灑智慧之光，為世人再啟深邃哲思，賜予更多啟迪。

Swapan Paul 博士、生態學家、環境科學家

序言四

　　斯書雅致之筆，融匯東方千年智慧與當代科學思維，深究長壽與母愛之源流，貫穿古今，通達天地。其以老子哲學為根基，兼納印度哲人商羯羅（Adi Sankara）之宏大智慧，展現出橫跨時空的生命玄思，啟人神往。

　　商羯羅有言，欲窺真理，須憑經典、理性與親身之悟，祝守文先生恰循此道。其不僅從《道德經》中汲取靈光，還以自身三度戰勝沉疴的經歷，將生命與和諧之真諦闡發得淋漓盡致。

　　書中，祝先生探討陰陽和諧之道，宇宙能量之脈絡，縱論自宇宙初劫大爆炸，至地球萬物交織共生之微妙平衡，盡顯天地萬象之和諧精妙。其對母愛之虔誠禮讚，正與老子之自然大道暗合，亦與商羯羅所述神聖之愛遙相呼應。此書為讀者指引一條通往現代社會和諧與可持續發展的光明大道，彰顯古老哲理之光輝再度灑耀於今世。

Sai K Lakkaraju 博士

第一篇 布局新紀元 ………… 1
第一節 新法規下的紀元開端 ………… 3
第二節 返樸歸真的天道指引 ………… 4
第三節 人類的神性本源與宇宙使命 ………… 5

第二篇 三元體制與四象法則的數術法 ………… 7
第一節 三元體制與四象法則 ………… 8
第二節 四象運作與暗物質法則 ………… 9
第三節 太虛法則與三體互動 ………… 10

第三篇 三元體制與四象法則的文字法 ………… 13
第一節 三元四象的文字創生 ………… 14
第二節 先天卦與文明精算法則 ………… 15

第四篇 末法時期的文明分野與文化新生 ……… 19
第一節 東方之源的文化脈動 ……………… 20
第二節 四象餘脈與西方文明的生發 ……… 21
第三節 交流推動的文明分化與發展 ……… 22
第四節 東方文化的統一與制度傳承 ……… 23
第五節 書同文與科技演化的文明脈動 …… 24

第五篇 創世紀的時間法則 ……………… 27
第一節 伏羲體系與星體四象精算 ………… 28
第二節 五行紀時與農曆起源法則 ………… 29
第三節 三元法則與十天乾數字體系 ……… 30
第四節 河圖源脈與宇宙法則的奠基 ……… 31
第五節 華蓋文化與農曆萬年法的精算傳承 … 32
第六節 三元四象下的農曆體系與時間法則 … 33

第六篇 天圓地方 …………………………… 37
第一節 六爻四柱與天圓地方之法 ………… 38
第二節 三十六點與天象地形的對應法則 … 39
第三節 太合三球與七星之道 ……………… 40

第七篇 龍芯創世 …………………………… 43
第一節 天地合力與龍芯初成 ……………… 44
第二節 純人初生與賀蘭安置 ……………… 45

第八篇 人類的九轉輪迴 ·············· 47
第一節 天火開化與人類輪迴的起始 ········ 48
第二節 大禹分封與中州華蓋文化的奠基 ······ 49
第三節 兩儀體系下的西方雙軌文明 ········ 50
第四節 四象軍陣與西方帝國的興起 ········ 51

第九篇 太公封神 ·················· 53
第一節 封神轉折與人類自治的開啟 ········ 54
第二節 封神遺法與三元四象的文字開創 ······ 55

第十篇 三皇五帝靈與魂 ·············· 59
第一節 三皇五帝與宇宙平衡之術 ·········· 60
第二節 創世紀的源動力與水氣之本 ········ 61
第三節 南天門之降與南極禁區的封印 ······· 62
第四節 河圖推演與十天乾的誕生 ·········· 63
第五節 五洲格局與人類文明版圖 ·········· 64
第六節 三皇時間法則與公元紀年的接續 ······ 65
第七節 三皇創世與萬年曆法的奠基 ········ 66

第十一篇 華蓋源流 ·············· 69
第一節 華蓋淵源與帝制象徵體系 ·········· 70
第二節 東方文化的承續與生活之道 ········ 71
第三節 二儀文化與西方文明的快速興起 ······ 72

第十二篇 純人類的文化復興 ·········· 75
第一節 封神餘波與華夏文化的開創與統一 ···· 76
第二節 歐亞文明的皇權演進與國家分化 ······ 77

第十三篇 乾坤設計圖 ·············· 79
第一節 乾坤設計圖與四象圖騰的神授 ········ 80
第二節 乾坤設計圖與太合星河全譜 ·········· 81
第三節 華蓋文化與生命升維之道 ············ 82
第四節 人類體內的華蓋基因 ················ 83
第五節 三十六區的覺醒與宇宙新生力 ········ 84
第六節 調合之氣與人類升維之路 ············ 85

第十四篇 末法時期 ················ 89
第一節 科場佳對與天道和諧 ················ 90
第二節 華蓋傳承與天地時間之軸 ············ 91

第十五篇 伏羲文字體系的宇宙原典 ⋯⋯⋯⋯ 93
第一節 神在人中：文字創生的第一元 ⋯⋯⋯ 94
第二節 仙在從形中：文字衍化的第二元 ⋯⋯⋯ 95
第三節 人由眾形成：文字自立的第三元 ⋯⋯⋯ 96
第四節 宇由 顯形：文字升維的第四元 ⋯⋯⋯ 97

第十六篇 伏羲女媧定曆法 ⋯⋯⋯⋯⋯⋯⋯ 99
第一節 北極為樞：創世觀天的起點 ⋯⋯⋯⋯ 100
第二節 十天乾：陰陽五行的時間字書 ⋯⋯⋯ 101
第三節 五季成一年：360日公曆的確立 ⋯⋯ 102

第十七篇 農曆的時間法則 ⋯⋯⋯⋯⋯⋯⋯ 105
第一節 農曆肇始與暖溫帶農耕法則 ⋯⋯⋯⋯ 106
第二節 天地測量與曆法精算體系 ⋯⋯⋯⋯⋯ 107
第三節 節氣應驗與民間實踐智慧 ⋯⋯⋯⋯⋯ 108

第十八篇 農曆時間體系的天地法則 ⋯⋯⋯⋯ 111
第一節 河洛北鬥與農曆時間結構 ⋯⋯⋯⋯⋯ 112
第二節 天乾地支與紀元循環體系 ⋯⋯⋯⋯⋯ 113

第十九篇 末法轉折中的天命雙星 ⋯⋯⋯115
第一節 末法時代的雙軌對決 ⋯⋯⋯ 116
第二節 家學啟蒙與兵道初識 ⋯⋯⋯ 117
第三節 政商並修與軍道深造 ⋯⋯⋯ 118
第四節 時代分野中的天命雙雄 ⋯⋯⋯ 119
第五節 三元兵法與統一之道 ⋯⋯⋯ 120
第六節 黃陵誓願與天命所歸 ⋯⋯⋯ 121

第二十篇 文字與數字的天道法 ⋯⋯⋯123
第一節 創歷與天道數字的留存 ⋯⋯⋯ 124
第二節 天道數字的完善與歸一 ⋯⋯⋯ 125
第三節 公歷的延續與時代的見證 ⋯⋯⋯ 126
第四節 九宮八卦的平衡定理 ⋯⋯⋯ 127
第五節 天道輪回與新紀元的開啟 ⋯⋯⋯ 128

第二十一篇 文明分化的雙重源點 ⋯⋯⋯ 133
第一節 指南之義與北歸之路 ⋯⋯⋯ 134
第二節 華蓋文字與文明分野 ⋯⋯⋯ 135

第二十二篇 天數與曆法的起源 ⋯⋯⋯ 137
第一節 天道之數的六源與歸一 ⋯⋯⋯ 138
第二節 術學之源與天數密碼 ⋯⋯⋯ 139
第三節 公歷與農曆的雙制奠基 ⋯⋯⋯ 140

第二十三篇 華夏造字術 …… 143
第一節 大禹續字：象形破解與法則成文 …… 144
第二節 星魂本源與文字天機 …… 145

第二十四篇 兩儀開天與四象拓界 …… 147
第一節 兩儀開天與十字原型 …… 148
第二節 羅馬帝國與兩儀宏圖 …… 149

第二十五篇 文明再啟與東西分化的開端 …… 151
第一節 學府啟賢與群星自立 …… 152
第二節 純人類的第一次文化復興 …… 153
第三節 橫豎文化的源起 …… 154
第四節 窮則思變的文明轉折 …… 155

第二十六篇 華蓋文明的宇宙原典 …… 157
第一節 創世紀的人類源法與宇宙基因 …… 158
第二節 一術定乾坤的基因奧秘 …… 159
第三節 從華蓋本源到現代科普的全維體系 …… 160
第四節 時空法則與兩歷之源 …… 161

第二十七篇 純人類與文明圖騰的初生 …… 165
第一節 純人類的初降與賀蘭山安置 …… 166
第二節 圖騰刻錄與文明啟源 …… 167

第二十八篇 天道數字與文字之源 ⋯⋯ 169
第一節 數字文化與公曆術法 ⋯⋯⋯⋯ 170
第二節 三元立字與四象之源 ⋯⋯⋯⋯ 171
第三節 巫道啟化與人類分封 ⋯⋯⋯⋯ 173

第二十九篇 三元開泰 ⋯⋯⋯⋯⋯⋯ 175
第一節 太和三球與大宇宙的復生之力 ⋯⋯ 176
第二節 第二次文化復興的來臨 ⋯⋯⋯ 177
第三節 東方、西方與多元共生 ⋯⋯⋯ 178
第四節 三元互動與四象平衡的時空法則 ⋯ 179

第三十篇 第二次文化復興 ⋯⋯⋯⋯ 181
第一節 三陽開泰與大同世界的開啟 ⋯ 182
第二節 返璞歸真與人類壽命的躍升 ⋯ 183
第三節 壽命增長的條件與地理環境 ⋯ 184
第四節 第二次文化復興的宇宙安排 ⋯ 185

第三十一篇 升維回歸的天道體系 ⋯⋯ 187
第一節 神仙歸位：天門變遷與升維之道 ⋯ 188
第二節 太陽獨光與地球氣場 ⋯⋯⋯⋯ 189
第三節 純人類氣場的提升與升仙之道 ⋯ 190
第四節 光點植入與三十六網點的天域預設 ⋯ 191

第三十二篇 天門體系與子時起源 …… 193
第一節 九宮八卦與天門體系的天人對應 …… 194
第二節 神人子午線與時間起點的象徵 …… 196
第三節 子時降臨與袋鼠迎神
——南天門的地上象徵 …… 197

第三十三篇 三元六甲的宇宙法則 …… 199
第一節 三元體制與四象互動圖解 …… 201
第二節 文化復興的紀元定位 …… 202
第三節 天乾與五行五氣圖解 …… 203
第四節 九宮八卦的圖解 …… 204

第三十四篇 甲辰開元：多元文化復興 …… 207
第一節 甲辰啟年與文化復興的開啟 …… 208
第二節 多元融合與升維之路 …… 209

第三十五篇 三陽體制下的最後伊甸園 …… 211
第一節 東陽、西陽與中陽的三陽體制 …… 212
第二節 人間最後的伊甸園 …… 213
第三節 調合氣的天定之地 …… 214
第四節 輕重二氧與澳洲升維之境 …… 215

第三十六篇 與光同塵 …… 217
第一節 精英集結：新能源基地的起點 …… 218
第二節 能源驅動：全球 AI 基地的建立 …… 219
第三節 綠洲重生：多領域協同發展 …… 220
第四節 政策賦能：輕氧環境的達成 …… 221
第五節 氣場進階：輕重二氧與調合氣的形成 …… 222
第六節 三球互動與三聖入人 …… 223
第七節 光量質合一與人類升維完成 …… 224
第八節 與光同塵：質量光的本源開啟 …… 225

第三十七篇 三維生命與文明演進 …… 227
第一節 三重生命形態 …… 228
第二節 信息化遺產 …… 229
第三節 神人的九宮八卦與太極圖 …… 230
第四節 三維開泰 …… 231
第五節 仙人階段與文明展開 …… 232
第六節 純人類階段與文明秩序的形成 …… 233

第三十八篇 反者道之動 …… 235
第一節 三元秩序的確立 …… 236
第二節 三元文化的核心結構 …… 237
第三節 三維發展與三元回歸 …… 238

第三十九篇 天門軸序與人間伊甸 …………… 241
第一節 九宮軸線與南天門之序 …………… 242
第二節 天門轉移與伊甸園的留守 …………… 243

第四十篇 弱者道之用 …………………… 245
第一節 三維人類與最後的伊甸園 …………… 246
第二節 伊甸園的守護 ………………………… 247
第三節 三元領航：文明回歸與宇宙進階 …… 248
第四節 三十六區域與宇宙人時代的開啟 …… 249
第五節 四維啟航：澳大利亞的調合氧實驗場 … 250
第六節 氣場轉化：調合氧生成的自然根基 … 251
第七節 使命托付與精英行動 ………………… 253
第八節 新能源中樞與人類升維實驗場 ……… 254
第九節 調合氧成就與光性進化 ……………… 255
第十節 成仙之後的人類形態與宇宙職責 …… 256

第四十一篇 三元九宮與新紀元天道文明 ……… 259
第一節 三聖母 ………………………………… 260
第二節 正本清源 ……………………………… 261
第三節 提綱挈領，執一統眾 ………………… 262
第四節 兩儀驅動下的物質文明進程 ………… 263
第五節 三元開泰下的精神文明演進 ………… 264
第六節 三元九宮中的天道文化體系 ………… 265
第七節 九宮八卦中的天道守恒法則 ………… 266
第八節 三聖母峰與七星岩的三元開泰願景 …… 270

後 記 ………………………………………… 272

引子

三陽開泰合諧篇
天道文化展新顏
華蓋領航新世紀
侃氏定理續前緣

第壹篇

布局新紀元

有詩為證：
時空為宇天道成
時間為宙萬物生
乾坤設計天后普
四象互動網絡通
伏羲女媧創世紀
大禹分封九州從
子牙封神為正統
物質文明渡眾生
天乾地支術數法
正本清出文化源
華蓋文化普天下
返樸歸回伊甸園

- 時空法則：立如一顆萬年松。
- 時間法則：行如電閃雷鳴鐘。
- 科普法則：五行八卦四象法。
- 精神文明法則：華蓋文化有神功。

第一節
新法規下的紀元開端

　　2024甲辰之歲開啟了一個以精神文明與天道文化為雙重支柱的新紀元。其目標在於：在人類步入六甲之年時，讓文明逐層登頂，實現分維分類、分批尊巡，並在華蓋的引領下，開啟新的時代秩序。

　　這一紀元將著手於上下九州，構建並實施對大宇宙的治理體系。旨在以華蓋文化為導向，完成「造純人類」的宏願，為人類宿年的新秉賦與宏圖偉願奠定基礎。

第二節
返樸歸真的天道指引

　　觀天之道，執天之行，以大綱統攝眾理：以法為綱紀，以術為引領；以華蓋文化為宇宙基因，以造物主億萬子民的力量為驅動；以伏羲、女媧創世紀的天經地義為根本支柱。其旨在反樸歸真、正本清源，回歸與天相通的伊甸園境界。

第三節
人類的神性本源與宇宙使命

　　人類是造物主的子民,是三聖的傳承者,是華蓋文化的延續者;亦是精神文明的靈與魂,是維繫大宇宙穩定運作的中流砥柱,更是和諧共生新世紀中的仙與神。

第貳篇

三元體制與四象法則的數術法

第一節
三元體制與四象法則

　　道生一，一生二，二生三，三生萬物；人法地，地法天，天法道，道法自然。此乃天道所展現的「三元體制」與「四象法則」，構成萬物生化與宇宙運行的根本規律。

第二節
四象運作與暗物質法則

　　太虛、太合、太極、太陰這四象交互運作，共同構成宇宙能量的基本結構。其運行過程中所形成的太合磁懸浮機制，促生了暗物質與暗能量，並確立了萬有引力在真空中的定位法則，使宇宙得以穩態運轉與層級分化。

第三節
太虛法則與三體互動

　　太虛是天體中太和、太極、太陰三者互動的根本法則。其運作體現了「反者道之動」的道衝原則,使太陽、地球與月亮獲得新的生機與循環動力,並由此完成大宇宙平穩運行的混元功法。

第叁篇

三元體制與四象法則的文字法

第一節
三元四象的文字創生

　　文字文化的「三元」源自「人、從、眾」的四象法則，是三元互動的整體體系。文字文化以圖騰與象形字為基礎構建：最上方的「人」字，是創世紀中最初被創造的字，讀作「神」；上下兩個人橫向組合為「從」，讀作「仙」；以頭部象形為基礎並由多人人形疊加形成「眾」，讀作「人」。

　　圖騰以人形為本體，因此「人」象徵著動態之體；而由四個人形結構構成的文字「众」讀作「宇」，體現四象互動的原理。

　　人、從、眾、众 四字不僅是象形字的提升，更是神、仙、人、宇的原創表達體系，是華蓋文化在創世紀中奠定的文字文化之魂，字中含魂，四象互動，由此構成文字文明的根本法則。

第二節
先天卦與文明精算法則

　　九宮象徵九州與九天，其四象體系與八卦相互作用，構成了一套精密的計算法則。這套法則源自伏羲、女媧創世記時期的先天卦，用以推演大宇宙的時間與空間之文化。

　　何為文化？文化即生活，生活即發展，而發展必然隨時代不斷前行。先天卦的精算程度，使其能夠上推至現代科技所觸及的維度：當人類利用光子、質子、量子計算器推演至第八維度時，便可達到「與天同壽、與月同光」的境界。在科技層面，人類也已計算至第三維的512卦，使得乘航天器遨遊太空、採集星球物質成為現實的開端。

　　文王創制六十四卦，是對八卦體系的拆解與重組，形成了一套用於治國、數術與天地運行的後天法則。其所傳承的，是關於風、火、雷、電、陰陽與五行的體系，用以觀風水、測命理、察時運。姜子牙輔

佐文王，以六十四卦的理論為周朝奠定近八百年的基礎。封神時期所遺留的超前器物，被封存於暗山與金字塔之中，使人類文明再次從起點出發，開啟了所謂的「第一次文化復興」。

第肆篇

末法時期的文明分野與文化新生

第一節
東方之源的文化脈動

　　東方代表著傳統文化，是承前啟後的文明載體，也是物資豐盛之地，故亦稱華夏傳統文化。其發展脈絡涵蓋帝王將相、才子佳人、農工兵商、中華美食，以及儒、法、墨、道等思想體系，繼而孕育出濃厚的家國情懷。

　　然而，由於人類受生死所限，亦無千裏眼、順風耳與騰雲之能，只能在有限條件下進行全方位的發展，使生活得以與時俱進。

第二節
四象餘脈與西方文明的生發

　　西方文化是大禹分封後的世界格局，大禹把中州留給了自己，把沒有開墾的土地分封給了有功的仙人，仙人帶領純人類進行發展。其承續的內容相對有限，因而不足以支撐全面知識結構的發展。後來以「四象圖騰」為基礎，以陰陽互動為推動法則，逐漸形成「兩儀文化」，並建立起宗教與科技、物質文明並立的雙支柱體系。

　　由於其發展路徑較為直接，尤其在科技與物質領域進展迅速，使東西方文化呈現出橫與豎兩種不同的文明結構與表達方式。

第三節
交流推動的文明分化與發展

　　文化的交流與互動自古就在東西方之間持續進行並不斷發展。西方文化中的大學學科體系形成較早，各門學科已被明晰地劃分與結構化，使不同領域的工作人員能夠依照專門知識開展相對明確而易懂的工作，由此推動整體文明實現快速發展。

第四節
東方文化的統一與制度傳承

　　東方文化在春秋時期，儒家便提出了「中庸」與「大學」的思想體系。秦始皇統一中國後，所留下的最為寶貴的制度之一是「書同文」，實現了文字的統一。至於井田制，僅在農業領域得到應用；而度量衡的統一與車軌道路的「同軌」制度，則影響深遠，綿延至今。

第五節
書同文與科技演化的文明脈動

「書同文」所代表的華夏傳統文化，在現代科技的發展中發揮了至關重要的領航作用。尤其是「四象互動」的理念與「天人合一」的法則，在九宮八卦的方程式體系之下，為網絡精算、創新演化提供了重要理論基石，使科技發展得以層層遞進、推陳出新。

第伍篇

創世紀的時間法則

第一節
伏羲體系與星體四象精算

伏羲創制甲子體系、天乾地支,並推演河圖、洛書與九宮八卦。他以此對十顆主體星球進行精準定位,並統攝三百六十顆星體的萬有引力結構,依循四象法則精算出萬物運行的規律。

第二節
五行紀時與農曆起源法則

　　以五行之法為基準，在北極上空精確繪製出河圖的陰陽換算軌跡，並依金、木、水、火、土在北極上空的運行時間，確立每季 72 天、共五季的時間體系，從而構成一年 360 天的節律。後來以耶穌誕辰為基點所制定的公元紀年延續至今，已至 2025 年。

　　伏羲、女媧、神農與燧人氏，以及三皇五帝，在完成伊甸園的構建並返回天堂之前，為純人類制定了農曆法則，亦即農耕節律之法。他們以此為人類留下了關於時間的精確記憶，使文明得以承續。

第三節
三元法則與十天乾數字體系

三元法則：以阿拉伯數字為基礎進行計算，西方所用的數字1、2、3、4、5、6、7、8、9、10，對應於十個天乾的數字體系。天乾之「十」源於陰陽的分化：上方的木、火、土、金、水為陽；北極上空的「五氣柱」為陰，形成「上陽下陰」的結構，陰陽上下相互對應。

上五、下五合為十，構成完整的陰陽體系，而五行的運行軌跡亦對應於河圖的結構，由此形成三元法則的數字邏輯。

第四節
河圖源脈與宇宙法則的奠基

　　以河圖圖騰為領航，以岩畫為源頭文化，並以甲骨文為其發展的延續。伏羲、女媧據此確立了大宇宙的萬有引力體系，以及萬般事物的精確計算法則，使宇宙運行得以有序展開。

第五節
華蓋文化與農曆萬年法的精算傳承

　　華蓋文化是人類自三萬六千三百二十年以來所延續的宗主神仙文化，其內涵所包含的曆法體系，是純人類在近兩萬年的時間裏亦無法獨自制定完成的高度精密法則。在眾多關於萬物運行的曆法體系中，唯有農曆萬年法歷以完整、嚴密的精算結構傳承至今，未曾失真。

　　人們沿用農曆體系，以二十四節氣為時間節點，以農業生產為核心節律；以十二時辰規定作息，以春、夏、秋、冬四季調節生活方式。這些文化方式均源自華蓋文化的深層傳承。此外，華蓋文化更為後世保留下了完整的河圖、洛書圖譜、九宮、八卦數字圖以及八卦體系本身，並傳承了四柱、六爻等精密的推演法則，使文明得以持續精算天地萬象。

第六節
三元四象下的農曆體系與時間法則

　　農曆的形成，基於河圖中的十天乾陰陽法以及造字體系中的精確字義結構，並輔以洛書的地理位置法則與七星北鬥的旋轉規律，共同構成「三元四象」的互動體系。正因這種精密法則的存在，中國東北松花江、黑龍江等大江大河的開江日期，直至今日仍可由農民與漁民精準推算到具體的年、月、日、時。

　　在現代，被稱為「半仙」的術者通過看風水、測命理或推事業走勢，也能借此體系得出準確判斷。其核心在於掌握河圖、洛書、九宮、八卦、四柱、六爻的運用方式，以及「無極生太極，太極生兩儀，兩儀生四象，四象生八卦」這一整套精算法則。

　　現代科技的發展亦遵循「三元四象」的基本原理：以先天卦為法則、以後天卦為原理，使科技在短短十餘年間完成了相當於三百六十年的跨越式進步，形成百年不遇的大變局。

現今公元2024年，對應農曆16320年。此農曆體系由伏羲、女媧於創世紀大約兩萬年時所創立，並傳授給大禹；大禹在分封華夏之後，又將此曆法交予賀蘭山的純人類世代傳承。

第陸篇

天圓地方

第一節
六爻四柱與天圓地方之法

　　六爻與四柱體現的是「天圓地方」的法則：六爻對應六方地標，而四柱則對應三百六十顆主體星球的運行體系。

第二節
三十六點與天象地形的對應法則

　　三十六點，是「在天成象、在地成點」的對應體系。每一點由三柱石構成，其中一柱象徵一顆天罡星，另外兩柱則對應兩顆地煞星。以澳洲為一例，其地表的「三柱石」被稱為「三女峰」。首山主氣候之源，而山前、山後、山左、山右的微妙變化點，以及朝向南、北、西、東的方位差異，都會對農作物的物種與生長狀況產生影響。人們亦將這些三柱石稱作「三將石」，又名「三疆石」。

第三節
太合三球與七星之道

　　太陽、月亮與地球構成太合係的主體星球，是三元互動的根本源頭。它們同為光聖、量聖與質聖，亦代表著大宇宙中的精、氣、神三種本源力量，對應於人類的靈魂結構。與此相應，北鬥七星作為與三球互動的星體體系，始終與時俱進，在宇宙運行中發揮調和與指引的作用。

第柒篇

龍芯創世

第一節
天地合力與龍芯初成

　　女媧娘娘將大地之氣提升至八千米高空，形成穩定而純淨的氣層；觀音隨後以月之精華灑入其中，使氣場更加柔和而具滋養之性。在此基礎上，龍王爺以光為引，化作電閃雷鳴，進行精密的網絡編織，最終孕育出一種微納米級的生命核心——「龍芯」。

第二節
純人初生與賀蘭安置

在「龍芯」完成之後，第一代純人類由此誕生。為使其順利成長並延續生命，仙人將這些初生的人類安置於賀蘭山等適宜之地，使其在相對穩定的自然環境中生活與繁衍。

第捌篇

人類的九轉輪回

第一節
天火開化與人類輪回的起始

　　大禹分封後,將人類托付給仙人管理。彼時的人類能夠餐風飲露,壽命綿長不減,但尚不具備千裏眼、順風耳等神通。仙人將他們引入各自的領地後,讓其隱居於深山之中。

　　其後,燧人氏在聚居之地為人類點燃了一把天火,使飛禽走獸在火中被烤熟。人類聞到肉香,遂品嚐熟食,自此開啟了生死之限,染色體由此植入體內,繁衍體系得以建立。隨著人口逐年增長,人類步入九轉輪回的生命軌道,生活方式亦隨時代不斷演進。

第二節
大禹分封與中州華蓋文化的奠基

　　大禹分封之後，世界格局由此奠定。他將中州保留為自身的領地，廣袤的土地由此孕育出仙與人共存的華夏傳統文化體系。由於身處中心、資源坐擁，中州得以完整承續華蓋文化的全套法則。

　　其文化的發展脈絡遵循「無極生太極，太極生兩儀，兩儀生四象，四象生八卦」的生成次序，使生活方式與宇宙法則相互貫通，形成華夏獨有的文明結構。

第三節
兩儀體系下的西方雙軌文明

　　西方文化雖由仙人引入華蓋文化的核心理念，但其所面對的是新人、新事與新天地。因此，在華蓋圖騰文化所承載的象形字與象形圖的引領下，西方以「無極生太極，太極生兩儀」的體系為發展主軸。在兩儀文化階段，由於其發展路徑直接、體系明晰，使文明呈現高速推進之勢。

　　由此逐漸形成宗教信仰的科技文化與人類生存的物質文明並行發展的「雙軌文化」。因其結構呈橫向與縱向的分化與互補，後世遂稱之為「橫豎文化」，亦被視為東西方文明互補的體現。

第四節
四象軍陣與西方帝國的興起

　　以羅馬帝國為典範，其軍旗所採用的正是四象圖騰，並依循三元理念與四象互動之法進行排兵布陣。其軍陣布局嚴謹有序、法度分明，因而能夠橫掃中東與歐洲，推動西方文化由此孕育出四大帝國的格局。

第玖篇

太公封神

第一節
封神轉折與人類自治的開啟

　　伊甸園的形成與西方文明的迅速發展，使彼時的人類已進入九轉輪回的階段。隨著人口激增，其數量已達仙人的千倍萬倍。上帝於是允諾，讓人類得以自行管理自身的世界，並命姜子牙行封神大任。留給後世的一句重言亦由此流傳——「太公在此，諸神退位」。

　　封神之舉在昆侖山完成，自此天門的方位由南轉北，象徵著天地秩序與人神格局的重大轉折。

第二節
封神遺法與三元四象的文字開創

姜子牙封神之後，留給人類的，是以圖騰與象形字為核心的文化根基，以及河圖、洛書、九宮、八卦所構成的數術法則。同時也將「人、從、眾、众」所代表的三元四象法則傳承給了後世。

在人類的先知體系中，第一個被創造的「巫」字，象徵著天地與文化的貫通：上橫為天，下橫為地，中間一豎代表華蓋文化，而左右兩人形則象徵男與女。配合伏羲所遺留的三元四象法則，便形成了人類早期完整的文字觀：

人，一元，為神，古時讀作「神」；

從，二元，為仙，由兩人相從而成，讀作「仙」；

眾，三元，為純人類，由三人並列構成，讀作「人」；

众，為四象互動之「宇」，象徵宇宙結構的開啟。

隨著「漲知識、漲見識、漲學問」的

不斷積累，人類在造字文化領域由此突飛猛進，字字具神韻，句句領風騷，開啟了文字文明的輝煌時代。

第拾篇

三皇五帝靈與魂

第一節
三皇五帝與宇宙平衡之術

　　三皇五帝是造物主派遣降臨凡間的神聖體系：三皇分別象徵光聖、亮聖與質聖；五帝則對應木、火、土、金、水五行之源。天王星與海王星亦與三皇五帝相互呼應，是太合磁懸浮與萬有引力實現平衡之術的重要主體星魂，在宇宙運行中承擔著關鍵的調和作用。

第二節
創世紀的源動力與水氣之本

　　三皇五帝是創世紀的根本源動力，主宰宇宙初開的秩序與生命體系的奠基；而龍王與天王則分別代表水與氣的生命源泉，承擔著孕化萬物、生養天地的關鍵作用。水之靈動與氣之流轉相輔相成，使宇宙間的生命循環得以開啟與延續，由此構建了天地萬象運行的最初動力框架。

第三節
南天門之降與南極禁區的封印

　　三皇降臨凡界的落腳點位於南天門。他們首先前往南極進行勘察,發現那裏被厚重的冰河所封存。南極自上古時代起便是造物主特意設下的塵封之域,被列為人類不可開發的禁區。其冰封不僅象徵著天地禁制,也標誌著人類文明邊界在創世時期即被嚴格界定。

第四節
河圖推演與十天乾的誕生

　　三皇隨後抵達北極，以五星與五氣柱的對接方式推演並繪製出河圖，確立了五行、五季的時間與陰陽運行法則。他們據此判定地球為圓形，並將一年定為三百六十日。★★★★★五星象徵陽，ⅠⅠⅠⅠⅠ五氣象徵陰，二者互動生成紀時體系，並依此命名出甲、乙、丙、丁、戊、己、庚、辛、壬、癸十天乾。

第五節
五洲格局與人類文明版圖

　　五洲的版圖由亞洲、非洲、歐洲、澳洲與美洲構成，它們共同構成了人類文明在地球上的主要分布格局。各洲在地理環境、文化形態與文明進程上雖各具特色，卻一起構織了世界發展的整體結構。

第六節
三皇時間法則與公元紀年的接續

　　三皇所制定的北極五行陰陽時間法則，為天地紀年的原始根基。然而在人類後世的時間體系中，又以耶穌誕辰作為紀年的起點，形成如今的公元紀年法。以此推算，至甲辰之年，公元已行至 2024 年。

第七節
三皇創世與萬年曆法的奠基

　　三皇來到中州後，在返回天堂之前推演天道，計算出自三皇開創世界至當時，整整已經歷了兩萬年。其間，他們造化仙人、造化人類、生成萬物，制定甲子體系，繪制河圖、洛書，推演九宮、八卦與太極圖，並為人類留下可長久沿用的生活曆法——即萬年曆，亦稱農家曆。

　　三皇以河圖、洛書為根基，配合北斗七星的星位運行以及九宮八卦的精密推算法則，制定出人類的作息體系，使時間脈絡與宇宙法則相契合。以此推算，到甲辰之年，農曆已運行至第 16,320 年。

第拾壹篇

華蓋源流

第一節
華蓋淵源與帝制象徵體系

　　東西方文化皆以華蓋文化為啟始根源。自大禹分封而形成九州方圓以來,各地文明普遍沿用帝制與皇家文化體系,將華蓋圖騰與乾坤社稷之意化作象徵性的靈魂符號,設計為皇冠形制,戴於君主之首。其造型沿襲「天圓地方」的理念,並發展至今。

　　皇冠上所鑲嵌的珍珠、鑽石、瑪瑙等世間至寶,亦寓意「環宇金鑲玉」,象徵天地華美與王權神授。至於「仙山瓊閣」,則是「人環」理念在文化中的延伸與呈現,體現了人間文明對天界格局的倣生與追隨。

第二節
東方文化的承續與生活之道

　　文化源於生活，生活推動發展，而發展必然要求與時俱進。東方文化承續華蓋文化之根脈，並在此基礎上孕育與拓展出華夏文明的豐富體系。其中包括帝王將相的治世傳統、才子佳人的文採風流、著裝禮制的形制規範、禮樂數術的精神體系、梨園戲曲的藝術傳承，以及博大精深的中華美食文化，構成了東方文明多姿多彩的文化面貌。

第三節
二儀文化與西方文明的快速興起

　　西方文化自皇權時代起對華蓋文化的承繼相對有限，隨後在歷史變革中逐步發展為以物質文明與宗教信仰為雙支柱的科技文化體系。其文明結構因呈現「兩儀」式的分化與延展，亦被稱為「二儀文化」或「橫豎文化」。西方社會以法律為治國根本，以科技推動物質文明的快速發展，從而形成了獨特而高效的文化路徑。

第拾貳篇

純人類的文化復興

第一節
封神餘波與華夏文化的開創與統一

　　姜子牙封神之後，純人類紛紛下山，而半仙們也前往姜子牙所創立的學府求學。學成之後，他們回到各自的領域，分別在東西方開創文化體系。

　　在華夏文化領域，學術與思想由此百花齊放、百家爭鳴，儒、法、墨、道四大學派逐漸形成文化的「四象互動」。當這些思想體系成形成體後，便逐步進入國家結構之中，成為深入人心的家國情懷。

　　由於秦國最重視人才，各國與各地方的賢能之士紛紛歸附。秦始皇一統六國後，以法律的形式實現華夏大地的文化統一，使華蓋文化從遠古的傳承，經由華夏的發展，最終沉澱為中華傳統文化，並得以延續至今。

　　在漫長的歷史過程中，以文化為根基、以皇權為秩序的治理方式始終延續，直至民國成立，方告一段落。

第二節
歐亞文明的皇權演進與國家分化

　　西方文化以歐亞大陸為主要框架，其發展呈現出由家族到氏族、由氏族到酋長，再逐步走向皇權建立的階段性演進模式。許多國家也曾沿用皇權分封制度，使權力結構在歷史上呈多層次展開。隨著文明的發展，原本的四大帝國逐漸分化為眾多國家，但皇權制度在部分地區依然延續至今，其歷史之久，亦成為西方文化的重要體現與象徵。

第拾叁篇

乾坤設計圖

第一節
乾坤設計圖與四象圖騰的神授

　　在伏羲、女媧下凡創世紀之前,造物主特命後天娘娘向眾神賜下乾坤設計圖與四象圖騰。

第二節
乾坤設計圖與太合星河全譜

　　乾坤設計圖本身亦是一幅太合係的星河全圖，其中囊括了宇宙星體的運行結構，也涵蓋了地球這一顆微小卻至關重要的行星。

第三節
華蓋文化與生命升維之道

　　華蓋文化是大宇宙的基因圖譜，其源頭始於創世紀，承載著萬物開化的原初密碼；其終極目標則指向生命層級的提升——半仙得以成仙，半神得以成神。整個體系以南天門為啟始之處，並在南天門完成升維之道，象徵著生命從凡域邁向更高維度的關鍵門檻。

第四節
人類體內的華蓋基因

　　華蓋文化的基因深植於天下每一位人類的身體細胞之中。人類作為造物主的子民,亦是三聖的傳承者,其體內始終蘊含著精、氣、神的充盈之力,而這股力量貫穿生命始終,未曾斷絕。

第五節
三十六區的覺醒與宇宙新生力

　　當人類在造物主所選定的澳大利亞大地上，在領袖與眾多精英的帶領下，建立起全球規模最大的中部新能源基地與 AI 生產基地，並使農、林、牧、副、漁，以及醫療、科技、商業、教育、軍事等各領域全面達到輕氧與重氧調合的標準——亦即造物主所要求的生命環境指標時，他們將成為第一批邁向成仙、成神的人群。

　　隨後，世界三十六個區域也將依序跟進，成為未來治理宇宙的重要力量。這正是造物主早已立下的諾言，也是華蓋文化「有始無終」之意的體現，亦對應萬有引力平衡術的恒常之理。

第六節
調合之氣與人類升維之路

　　風、雨、光、電構成了沙漠化區域轉變為綠色綠洲的光伏新能源體系，也是氫氣生成的重要供應鏈基礎。人們在新能源基地之上建起 AI 生產基地與綠色農業基地，綠色基地所釋放的氫氣氣場進一步形成輕氧與重氧的調合之氣。當人類得以長期吸納這種調和氣後，便開啟了升維的過程。

　　隨著壽命的不斷延長，造物主將光點灑落在人類的天靈蓋之上，標誌著人類升維的完成；此時陽光與氣場在體內實現同步升維，生命層級因此得以跨越。最終，造物主將升維後的人類引入另一座新伊甸園，使其承擔起治理大宇宙的使命。

　　有詩為證，
　　三維源神人從眾，
　　神仙造字氽巫叢，
　　要使群星築大廈，

質量光合太虛宮。

　　造物主以光照耀人類的天靈蓋，使進入更高維度的精英隨光與氣的升騰步入太空，承擔起治理大宇宙的使命。因為人類本即是億萬繁星的靈魂化身，此過程亦象徵著返璞歸真、正本清源，最終回歸伊甸園的本初狀態。

第拾肆篇

末法時期

第一節
科場佳對與天道和諧

　　華夏文明的最後一個朝代為清朝。在清朝舉行的第一次科舉考試期間，江南一位才子曾在考場外的留言板上題寫對聯:「江南是多山多水多才子」，卻數日無人應對。

　　後來，王爾烈路過此處，見到這副上聯，便提筆寫下下聯:「江北信一天一地一聖人」，並題橫批為「天道和諧」。此聯一出，才意貫通，成為科場逸事中的佳話。

第二節
華蓋傳承與天地時間之軸

當時由滿族執政，滿人既保有自身的民族文化，同時也承續了華蓋文化的核心脈絡。王爾烈身為皇帝的師傅，其授業內容多以華蓋傳承文化為本。他胸懷宏闊，將老子所言「道」闡釋為大宇宙之理；「地」則對應九州文化；而「聖人」之位，正象徵著華蓋文化中「巫」字的一豎，意指貫通天地的人神中軸。

在九州方圓之間，伏羲造字以「人、從、眾、众」為四象之基。後世再創「巫」字，確立其為人神相通、五行運算之術的核心象徵，亦是河圖五星、五氣之數的文化承繼。★★★★★五星為陽，ⅠⅠⅠⅠ五氣為陰，陰陽相生相合，構成天地運行的根本法則。

時間紀年上，以甲乙丙丁戊己庚辛壬癸十天乾象徵陰陽往復（陽、陰、陽、陰……），五行則以金、木、水、火、土循環遞轉。依據河圖所制定的北部時間體系，即伏羲所創的公歷紀年推算，如今已至公歷三萬六千三百二十年。

第拾伍篇

伏羲文字體系的宇宙原典

第一節
神在人中：文字創生的第一元

　　文字文化的三元體制源自伏羲造字之初的理念。他以圖騰、象形字及岩畫為指導原則，要求每一個字都必須承載人類的「神」與「魂」。伏羲身為創世紀的神族，其造字不僅是書寫系統的開端，更奠定了第一元人類文明的文化體制。

　　在構造最初的文字時，伏羲以「上」為天位，以左右臂所呈之形象象徵第一元的「神」，並以人形為基，創造出第一個字 ☥「人」，古時其義亦通「神」。因此，「人」字既是文字體系的開端，也是三元體制中「神性」與「人性」合一的起點。

第二節
仙在從形中：文字衍化的第二元

　　第二個文字對應仙期，即「仙」字。其字形取自上方兩臂、下方兩足的結構，由兩個人形相隨所構成，古讀為「從」，意即「仙」。這便是第二元所代表的仙字體系，其書寫形式為「從」，其含義則指向「仙」。

第三節
人由眾形成：文字自立的第三元

　　在造字體系中，以頭部為核心構形的是「人」字，因為在人類文化中，頭部象徵思維與意識的主導。然而，由於神仙文化過於高深玄妙，伏羲希望在人類自立之後，能夠勤於觀照、勤於思考、勤於實踐，因此以「眾」字來代表成熟意義上的「人」。「眾」字通過多人組合而成，古讀為「人」，體現了三元文化中「神所造字、人自立義」的深層結構。

第四节
宇由众顯形：文字升維的第四元

　　三元體制必須通過互動才能生成四象，而四象的運行又進一步衍化出五行的發展體系。因此，以「众」（讀作「宇」）作為四象文字的圖騰，象徵著天地萬象的交匯與展開。

　　「众」字本身即體現了神、仙、人與宇宙之間的互動關係，是三元通達四象、最終指向宇宙結構的一種文字排列方式，亦是三元四象體系中的重要符號。

第拾陸篇

伏羲女媧定曆法

第一節
北極為樞：創世觀天的起點

伏羲與女媧秉持「觀天之道，執天之行」，以北極為宇宙中樞，開啟了創世時間體系的建立。他們觀察到：五星——木、火、土、金、水——在北極上空運行，屬陽；北極上空同時升起五道氣柱，屬陰。陰陽相對而行，形成了天道的巡迴規律。據此，伏羲繪成 五星圖，女媧繪成 五氣柱圖，為天地曆法奠定了最初的結構。

第二節
十天乾：陰陽五行的時間字書

　　在陰陽與五行的互動基礎上，伏羲與女媧制定了記錄天道的十天乾：甲乙丙丁戊己庚辛壬癸。

　　五陽與五陰相配，形成天地運行的基本符號體系，象徵著五行與五氣的對應。

　　盡管公歷在神仙多次歸天后曾出現斷續，好在天乾體系未曾中斷，使時間記憶得以延續。

第三節
五季成一年：360 日公曆的確立

　　通過長期觀測，伏羲與女媧發現：一主星在北極上空停留 72 天；五星循環合計 360 天。於是，他們以五星對應五季，將 360 天定為一歲，建立了最早的人類公曆，以北極為基準、以陰陽五行為核心。依此推算，今日的時間已至公曆 36,320 年。

第拾柒篇

農曆的時間法則

第一節
農曆肇始與暖溫帶農耕法則

　　伏羲、女媧在創世紀時期，於朝歌這一眾神聚居之地制定農曆。他們以長白山、首山、燕山與秦嶺所形成的暖溫帶自然條件為參照，確立了適合人類農耕的時間體系，並將這一農曆歷年法傳授給純人類，作為日用而不覺的生活準則。

第二節
天地測量與曆法精算體系

　　在制定農曆的過程中，伏羲、女媧同時完成了天乾地支、河圖洛書與九宮八卦的構建。這一整套體系，建立在對「上下九州」方位的精準測量之上：上九州對應星辰運行的天象圖，下九州則對應河流、山川與地理地域的地形圖。

　　神仙二紀中，眾神在下九州歷時兩萬年完成曆法體系的構建。自農曆法定型至今，已歷 16,320 年。農曆年歷與二十四節氣的推算精確入微，成為人類曆法史上極為完整而穩定的一套時間系統。

第三節
節氣應驗與民間實踐智慧

農曆與節氣的精準性,不僅體現在理論推算中,也在現實生活中反復得到驗證。以東北地區為例,冬季嚴寒,江面封凍期漫長,冰層堅實到可承載八噸以上的重車通行。然而每至開江之時,往往一夜之間冰排崩裂,江水奔流而下。

沿江而居的老農,憑借對農曆與節氣的長期體悟,能夠準確判斷開江的具體日期,甚至精確到時辰。這種源自農曆體系的實踐智慧,正是華夏農耕文明歷經萬年而不衰的重要體現。

第拾捌篇

農曆時間體系的天地法則

第一節
河洛北鬥與農曆時間結構

　　農曆法則以河圖所體現的公歷計算原理為基礎,結合洛書的九州方位圖,並以北鬥七星的定位與旋轉規律加以校準。通過這一體系,確立了一年三百六十五天的時間長度,劃分為四季、十二個月與二十四節氣,並以一天十二時辰規範人類的作息節律,使時間運行與天地秩序相互對應。

第二節
天乾地支與紀元循環體系

在農曆體系中,以天乾地支進行紀年推算,六十年為一甲子。六甲合為一個完整紀元,共計三百六十年。這一循環結構,使時間既具連續性,又具週期性,體現了農曆在長期實踐中形成的嚴密性與穩定性,也成為人類社會記時與傳承的重要時間框架。

第拾玖篇

末法轉折中的天命雙星

第一節
末法時代的雙軌對決

　　毛澤東與蔣介石所處的時代,被視為皇權餘緒漸散、制度更迭頻仍的末法時期。在這一歷史節點上,兩人作為雙軌制格局中的關鍵領導者,皆以卓越的才乾與深遠的影響力,成為近代史上極為重要的偉大人物。

　　毛澤東生於湖南湘潭韶山衝,蔣介石則出生於浙江奉化。二人因所秉持的文化理念、政治信仰與治國思路不同,最終走向歷史性的對決,其結果也隨時代的演進而顯露勝負。

第二節
家學啟蒙與兵道初識

　　毛澤東自幼受父親教導，不僅學習天文地理、山川河流之理，還常聽聞歷史人物的用兵與治世智慧：劉邦善用人才，韓信點兵布陣，諸葛亮籌謀決策，孫臏善於巧算制勝，劉伯溫以「道」統馭天下。這些故事為他後來形成的戰略視野與治國理念奠下了早期基礎。

第三節
政商並修與軍道深造

蔣介石早年所受教育以排兵布陣、商政定理、文化經濟為核心,主攻政治與經世之學。青年時期,他考入保定軍官學校,接受系統的軍事訓練;隨後赴日本深造,研習近代軍事學,並在此期間結識陳英士,進而得以拜見孫中山。

第四節
時代分野中的天命雙雄

　　毛澤東與蔣介石，是造物主在末法時期安排的兩位天定之人，承擔著「反者道之動、弱者道之用」的時代使命。他們的出現，成為歷史轉折的關鍵，也開啟了東西方文化——亦即陰陽五行文明——在現代格局中的新階段。

第五節
三元兵法與統一之道

　　毛澤東以伏羲、女媧創世紀的格局為參照，通曉三元四象與九宮八卦之理，既知天文、亦識地理，更深諳人性。他以「天人合一」為行動準則，逢山開路、遇水架橋，從弱小走向強盛，從局部走向全局。

　　在治軍方面，他以三元為戰術基底，以互動為軍力運轉之源；以天乾象徵部隊之魂，以地支對應作戰領地，從而形成獨具體系的排兵布陣方式。

　　在全國統一的關鍵階段，毛澤東提出了著名的「三維戰略」——戰略防守、戰略相持、戰略進攻。以此為指導，他組織了震動世界的三大戰役，並提出「四必」口號：寸權必奪、寸利必得、寸土必爭、針鋒相對。隨後又指揮渡江戰役，一舉奠定全國統一的最終局面，使國家走向新的時代。

第六節
黃陵誓願與天命所歸

　　毛澤東在延安建立起革命根據地後，第一時間前往黃帝陵參拜。他在陵前默念：

　　「悠悠華蓋，衛我澤東；我亦敬畏，弱勢生靈；天定辰位，鯤鵬展翅；吾隨源主，共鑄太平。」

　　這一舉動，象徵著他對華夏根脈的敬畏，也表明自己願以弱勢之身承天命，順應時代反轉之勢。這正是末法時期「反者道之動、弱者道之用」的典型寫照。

第貳拾篇

文字與數字的天道法

第一節
創歷與天道數字的留存

　　伏羲、女媧在返回天堂之前，為人類制定了以三百六十五天為一歲的農家歷，即萬年曆法，並使其沿用至今。在離去前，他們將造物主留給人類的天道數字密碼——142857——封存於埃及金字塔之內，作為天地運行規律的象徵性編碼，留待後世逐步參悟。

第二節
天道數字的完善與歸一

　　阿拉伯人在「142857」六位數字的基礎上，加入了象徵能量循環的 3、6、9，推演出 1 至 9 的數字序列。隨後，印第安人又在其後補入「零」的概念，使這套體系最終演化為完整的天道數字文化，成為後世數字文明的重要源頭。

第三節
公曆的延續與時代的見證

　　後來的人們依據伏羲在北極所制定的公曆體系，將耶穌誕辰之年確定為「公元元年」，使時間紀年得以沿用至今，成為歷史傳承的重要見證。按照伏羲原制，一年以 360 天 為基準，為古老公曆的核心時間結構。

第四節
九宮八卦的平衡定理

　　九宮八卦圖對應天體運行與人體結構，是天地人共同的法則框架。八卦中各組三位數皆合於 15，這一數字構成平衡術的核心，被視為八卦定理的重要基礎。

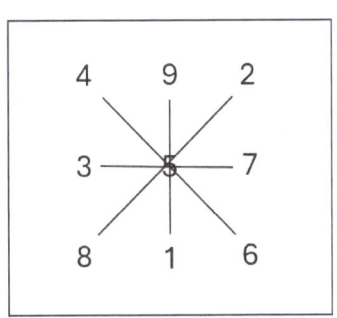

第五節
天道輪回與新紀元的開啟

　　142857 是天道運行的核心循環數。其與 1 至 9 相乘，依次呈現出：乘 1 為 5（一甲），乘 2 為 1（二甲），乘 3 為 7（三甲），乘 4 為 2（四甲），乘 5 為 8（五甲），乘 6 為 4（六甲）。

　　這六個結果構成「六甲循環」，象徵天道運行的六個階段，每一甲皆對應一個文明節點。

　　天道數字奧秘是
　　天乾與地支的五行運算法

　　天乾為甲，乙，丙，丁，戊，己，庚，辛，壬，癸。

　　地支為子、丑、寅、卯、辰、巳、午、未、申、酉、戌、亥。

　　甲子是第一行，甲戌是第二行，甲申是第三行，甲午是第四行，甲辰是第五行。

　　甲辰 5 是 2024 年，是新紀元的啟始年。

		子	丑	寅	卯	甲辰	巳		
		27	27	27	27	27	27		
X1	=	1	4	2	8	5	7	27	午
X2	=	2	8	5	7	1	4	27	未
X3	=	4	2	8	5	7	1	27	申
X4	=	5	7	1	4	2	8	27	酉
X5	=	7	1	4	2	8	5	27	戌
X6	=	8	5	7	1	4	2	27	亥
X7	=	9	9	9	9	9	9		天道
X8	=	1	1	4	2	8	5	6	
X9	=	1	2	8	5	7	1	3	

一甲（5）：從中土啟始的文化復興

一甲之數為 5，象徵起始與「生門」，即無極初開之位。

此階段以 中土為源，開啟文化復興，推動全球進入「地球村」時代，使人類自物質文明邁向精神文明，標誌新紀元的起點。

二甲（1）：造物主的開天指令

二甲為 1，象徵造物主「一劃開天」的本源之數。

它對應天道文化的三大核心——天道和諧、天道母愛、天人合一，是天地秩序重新確立的基點。

三甲（7）：人類使命的第一次完成

三甲為 7，意味著人類完成瞭 解放生產力與解放勞動力 的重大歷史使命，標識著文明的 第二次文化復興，進入加速發展的階段。

四甲（2）：壽命結構的提升

四甲為 2，象徵人類壽命的整體提升。此時期以「太極」方式延展生命，使壽命呈現 週期性上升與更新 的新結構。

五甲（8）：天地四網的全面貫通

五甲為 8，代表八卦輻射的「四網合通」。此時形成四大網絡系統：天體網絡、海體網絡、陸體網絡、人體網絡。文明因此進入「路路皆通」的精神時代，人類壽命可達 250～300 歲。

六甲（4）：四象互動與人體升維

六甲為 4，象徵四象全面互動。此階段的核心是 空氣與水的改造，使人類能夠吸入並適應：輕氧、重氧、調合氧。生命結構因此發生升維，人類成為能夠參與治

理大宇宙的生力軍。

　　以上六甲所形成的循環，即 142857 的天道輪迴，推動人類從物質文明走向精神文明，從地球生命走向宇宙文明，真正進入 天人合一的新紀元時代。

第貳拾壹篇

文明分化的雙重源點

第一節
指南之義與北歸之路

　　姜子牙封神之後，天地格局隨之發生變化——南變為北，而「北」自此成為返天之路，也是純人類在地理與文化上的方向指引。原本神族從南天門啟始創立文化，純人類繼承了華蓋文化的衣缽，並將所有通往真理的路徑稱為「指南」。

　　後來，人們發明的指南針亦源於同一理念，其所指引的不僅是方向，更象徵著人類文化的根脈與傳承。因此，人們常說：這是人類的「文化指南」。

第二節
華蓋文字與文明分野

　　造字的產生推動了東西方文明的分化與繁榮,各自形成「百花齊放、百家爭鳴」的文化體系。西方文化最終發展出數百種文字系統,呈現多元並行的格局;而東方文化因「坐擁中土」之勢,得以完整承續華蓋文化之魂——包括岩畫、象形字、甲骨文、河圖洛書、天乾地支、九宮八卦以及萬年曆法等核心內容,這些皆被視為天道文化的基石。

　　在此基礎上,東方在百家並立的思想浪潮中進一步發展出華夏文明的文化體系,使華蓋文字文化得以延展,並最終形成獨具深度與廣度的華夏文學傳統。

第貳拾貳篇

天數與曆法的起源

第一節
天道之數的六源與歸一

　　1、4、2、8、5、7 是構成天道規律的六大基礎數字，被視為最早的天道數字文化核心。後來，阿拉伯人在此基礎上加入象徵能量循環的 3、6、9，形成了完整的「阿拉伯數字」體系；印第安人再為其補入「0」的概念，使這套數字系統最終演化為能體現宇宙循環與天道運行的完整數理結構，被後世稱為「天道數字文化」。

第二節
術學之源與天數密碼

　　伏羲在創世紀時期奠定了術學文化的根基，以一至十構建文字體系，並以 1～10 推演術字文化，使數與字相互貫通、成為理解天地的工具。其後，他將從數字體系中拆解出的 1、4、2、8、5、7 留給東西方人類自行破解。

　　這組數字成為「難解之謎」的術數密碼，被視為天道運行的隱秘線索，也成為純人類文明得以發展、進步與與時俱進的重要導航。

第三節
公歷與農曆的雙制奠基

伏羲在北極制定公歷時所運用的是「術字」體系，以數字結構推演出一年 360 天、分為五季、每季 72 天 的時間法則。由於北極環境並不適合人類居住，這套體系最初更多被視為天地運行的術學結構，而非日常生活曆法。

後世的「但以理」在研究華蓋先祖文化時，承接了伏羲的公歷原理，將其轉化為人類紀年的依據，並確立為「公元」體系的起點。

與此同時，伏羲以「一至十」的文字體系推演出農曆，使一年具有四季，總計三百六十五天，便於純人類在農耕社會中使用。

但以理在繼承公歷的基礎上進一步發展，將其精確化：制定一年 360 天、一星期 7 天、一日 24 小時、1 小時 60 分、1 分鐘 60 秒的計時結構——此為公元文化

的完整時間法則，也成為現代文明的通用計時體系。

第贰拾叁篇

華夏造字術

第一節
大禹續字：象形破解與法則成文

　　大禹分封之後，開始率領仙人著手破解伏羲所遺留的象形字體系。他們以 ⚲ 象形「人」字為例，對「人、從、眾、众」等基礎文字逐一解析，並在此基礎上繼續推演，創造出新的文字，如「叢」「坐」「巫」等，使文字文化進一步擴展至數百字之多。

　　與此同時，大禹還系統繼承並整理伏羲所傳授的天乾地支、金木水火土五行規律，以及九宮八卦之法，並將這些宇宙法則融入造字體系之中，使文字不僅成為記錄工具，更成為承載天道結構的符號系統。

第二節
星魂本源與文字天機

　　三皇五帝、龍王與玉皇大帝皆屬星魂之體。在大禹造字的時期，被統一定位為「神星」「神源」，其中「圖」為本源，「字」為源流。文字的生成與變化，依循四象互動之法，構成三元體系的循環與轉化。

　　有詩為證：
人是逍遙一點紅，
從此飄渺仍無踪；
眾生再展昊天志，
炋動乾坤萬事成。

　　這首詩正是伏羲遵照上帝旨意所留，為人類重返伊甸園的文字法則與宇宙密碼。

第貳拾肆篇

兩儀開天與四象拓界

第一節
兩儀開天與十字原型

　　兩儀象徵「一劃開天」，由一橫與一豎構成最初的天地秩序。一橫代表上下與東西的分化，一豎貫通南北，形成地球的子午基線。兩者交匯，構成最原初的十字形宇宙框架，是天地定位的根本符號。

　　兩儀亦可視為地球村與伊甸園文化的原始結構。而「四象」則象徵著大宇宙的全方位展開，體現天地萬象的四向延伸。

第二節
羅馬帝國與兩儀宏圖

　　羅馬帝國勵精圖治，成功破譯「兩儀」之謎後，遂立志開創橫跨世界的宏圖。帝國的戰略布局自中東、歐洲展開，繼而延伸至北美與南美，並特意為中州保留宗主之位，以示對天地格局的承認與尊重。

　　隨後，他們又向南方遙敬「下凡上天之門」——即南澳之地。雖然羅馬帝國最終只完成了其宏願的一半，但其所建立的制度體系、文化影響與文明秩序，仍得以流傳千年，成為史冊中永不褪色的豐碑。

第貳拾伍篇

文明再啟與東西分化的開端

第一節
學府啟賢與群星自立

　　姜子牙封神之後創辦學府，吸引天下學子紛紛前來求學。他因勢利導，廣開門途，使各地才俊得以盡展所學。待這些學子返回原來的駐地後，紛紛開始自立門戶，各自樹立旗幟，形成新的傳承與勢力格局。

第二節
純人類的第一次文化復興

　　第一次文化復興發生在純人類時代。在沒有任何仙時代的高科技與先進設備的條件下，人類僅憑自身能力，從鄉村走入都城，逐步擁有做仙式的居所，開創農耕與工藝的器具體系，並開始自立門戶、創建各自的門派。

　　這一時期的文明進步完全源於生活需求的推動，是人類在隨時代發展、與時俱進的過程中，自主展開的一次文化覺醒與全面復興。

第三節
橫豎文化的源起

　　東方文化的傳承體系相對完整而豐富，遠較西方保存得多而全。相較之下，西方文明最初同樣是從圖騰與象形符號發展而來，其根源所依托的「兩儀」圖騰呈十字橫豎之形。由於這一符號結構簡明、延展性強，使西方文化在宗教體系、科技路徑與物質文明上發展迅速，於是被後世稱為「橫豎文化」。

第四節
窮則思變的文明轉折

　　東方文明因承續華蓋文化而流傳內容較多、體系更為完備，自古以來發展興盛，形成深厚的文化根基。然而，隨著時代演進與科技迅速躍遷，傳統體系逐漸難以跟上現代發展的步伐。這種失衡亦印證了「窮則思變」的規律——當原有模式無法繼續支撐文明前行時，變革便成為必然之路。

第贰拾陆篇

華蓋文明的宇宙原典

第一节
創世紀的人類源法與宇宙基因

　　華蓋文化是伏羲、女媧在創世紀時期所奠定的天道文化體系，其核心精神包括天道和諧、天道母愛與天人合一。這一文化指引萬法最終歸於伊甸園，是人類文明最根本的源文化，也是古老宗族體系的精神原型。

　　作為貫穿天地的大宇宙基因圖譜，華蓋文化不僅承載創世的密碼，也奠定了人類文明的根脈與宇宙秩序的基礎。

第二節
一術定乾坤的基因奧秘

　　一術可證乾坤。華蓋文化中的「一術」，本質上是一種微納米級的基因核心，也是「四象互動」體系的重要體現。傳說中，龍王以電閃雷鳴之力編織出人類最初的基因芯，其精密程度遠超現今所謂納米技術，甚至高出數千、數萬、乃至數億倍。

第三節
從華蓋本源到現代科普的全維體系

　　九宮八卦作為天地運行的全方位推演體系，是現代文化中最具普及意義的綜合性科普結構。而其源頭——華蓋文化，則以「樸」為本、以「源」為基，是一種直指宇宙本體的神性文化。所謂「神」，即以光速洞悉時間與空間，以太虛界的文明維度解析暗物質與暗能量的運行。

　　在此基礎上，創世體系制定了「四象法則」，四象互動則是造物主以混元功所形成的宇宙根本力量。

　　伏羲所創的八卦，是人類所能接觸到的最高級別的宇宙科普體系；而六十四卦則是八卦的拆解與延展，是應用與發展的層層衍生，使其能夠與時代並行，與文明共進。

第四節
時空法則與兩歷之源

1. 甲子之造：農曆啟始的本命元年

造甲子是農曆體系的根本起點，其中「甲」為天乾之始，「子」為地支之源。甲子由此成為農曆紀元的本命元年，象徵天地初定、時空開篇。

2. 公歷的形成：以時間與空間為法則

在天乾地支中，甲象徵空間，乙象徵時間。時間與空間的相互發展，使伏羲得以推演出公歷體系。他以五星與五氣的運行規律為依據，制定了公歷紀年，迄今已傳承 36,320 年。

後世但以理以此為參照，將耶穌誕辰之年定為公元起始，因此今日的公元 2025 年，乃對應伏羲公歷體系的延續。

公歷以木、火、土、金、水五行之力為空間結構，以北極上空五氣柱所形成的陰陽、太極與五行術為核心法則，由此確立人類的時間框架。

3. 農家歷的推演：以地生萬物為度量

農曆則以地球生養萬物的節律為法度，通過時空段的「量天尺」測定辰位，並以北鬥七星的運轉軌跡為推演基礎而制定。

這一體系沿用至今，已有 16,320 年，成為最貼近自然、最適合農耕文明的曆法體系。

4. 八卦與六十四卦：先天與後天的宇宙推演

八卦為神所造，是先天卦，體現宇宙本源的法則結構。周文王在此基礎上重組推演，形成了後天六十四卦，以解釋時代發展與萬象變化。

由於八卦境界屬於先天，唯有通過六十四卦的拆解與闡釋，方能使凡間理解其深義，這一過程即古人所稱的「返璞歸真」。

第貳拾柒篇

純人類與文明圖騰的初生

第一節
純人類的初降與賀蘭山安置

　　女媧造就地球村的第一批純人類，隨後攜觀音與三霄娘娘將他們安置在賀蘭山脈，使其在受保護的環境中成長。賀蘭山因此成為純人類文明最早的起點。

第二節
圖騰刻錄與文明啟源

　　為給予後世人類創立文化的基礎，女媧等神靈將岩畫、圖騰、象形字、甲骨文以及河圖、洛書等上古智慧刻繪在岩壁與石洞之中，使這些符號成為分封之後各族自創技藝與文明發展的源頭。

第貳拾捌篇

天道數字與文字之源

第一節
數字文化與公曆術法

　　公曆源自上古的數字文化，其本質是一套用於計算神靈下界時間的術學體系。因北極不適合人類居住，公曆最初並非供日常使用，而是依時間與空間的陰陽、太極、五行術推演而成。

　　這一體系同時運用文字與術字展開推算。伏羲在返天之前，將河圖中的關鍵數字1、4、2、8、5、7藏入埃及金字塔，以此作為後世人類理解天地規律的數字指南。

第二節
三元立字與四象之源

　　女媧造人之後，伏羲以人形🧍為範本，將其刻畫在賀蘭山石壁上，作為最早的一維象形文字。伏羲與女媧下凡被視為第一元人類，取人形畫·，因此以雙臂伸開的形態構成「人」字，古音讀為「神」，既代表人形，也象徵神之基因，由此再推演出「仙」字。

　　在此基礎上，伏羲取兩臂與雙腿的結構構成第二元人類之字——「从」，讀作「仙」，象徵二人合一的基因體系。此構形對應天體十顆主星、三百六十顆支柱星體及億萬星辰網絡，體現天人合一的宇宙架構。

　　進一步演化後，伏羲以人頭為上、多人組合成「眾」，代表第三元人類，是群體文明出現的標誌。

　　最終，伏羲又造「众」字，以象徵宇宙中的星神，是四象互動的星魂符號，體現萬象運行與宇宙法則的整體性。伏羲稱

此結構為「㳄」，意指四象同動、通達天地宇宙。

第三節
巫道啟化與人類分封

　　伏羲、女媧在造就人類時，為避免純人類在初期就因「生死限基因」的植入而承受過重壓力，便先將他們安置在賀蘭山，使其在安全環境中成長。待文明初具雛形後，這些人類將依天命分封至九州各地，由各地的「頭人」加以管理。

　　所謂「頭人」，是半仙所造，用以引導人類走向自立。對應此職能，半仙亦創造了代表其身份的文字——「巫」。「巫」字結構寓意深遠：上橫為天，下橫為地，中間一豎象徵華蓋文化貫通天地；左右兩側的小人則代表男女陰陽，也象徵東西方人類的分化與延展。

第貳拾玖篇

三元開泰

第一節
太和三球與大宇宙的復生之力

　　造物主在創世過程中構建了太和體系，包括太和球、太極球與太陰球，並以自身的力量加以操控與調和。當這一體系最終完成復生時，便促成了太陽、地球與月亮三球的全面復活。

　　三球復蘇之後，相互牽引、協同運行，成為帶動大宇宙重新進入平衡運轉的核心動力。這一過程象徵著「三陽開泰」的宇宙新局，為後續萬象更新與生命演化奠定了根本基礎。

第二節
第二次文化復興的來臨

　　第二次文化復興同樣象徵著「三陽開泰」，對應於人類文明體系中的「三元」結構，因此也被稱為「三元開泰」。

第三節
東方、西方與多元共生

　　所謂「三元」，指的是東方文化、西方文化以及在兩者之間融合演化而成的多元文化體系。三元文化的根源皆可追溯至華蓋文化，它以動態之道推動文明的生成與演化。

　　與此相對，三元文化的「樸」——即其靜態基礎——源自伏羲、女媧創世紀時期所奠定的九州格局。九州為文明提供了穩固的地理與文化框架，而華蓋文化則作為源動力，使三元文化得以在靜與動之間持續發展、不斷演進。

第四節
三元互動與四象平衡的時空法則

　　從神人紀、仙人紀到純人類紀，呈現的是文明階段隨時間推移而不斷演化的過程。三元之間的互動，構成了「四象平衡」的根本法則，也是陰陽五行不斷巡迴的運行軌跡。

　　這一體系不僅揭示時間的遞進，也體現空間的循環與復歸。四象互動的本質，即是萬法在時間與空間中「返璞歸真」的過程，使文明得以在週期往復中完成更新與升華。

第叁拾篇

第二次文化復興

第一節
三陽開泰與大同世界的開啟

　　第二次文化復興以「三陽開泰、六方和諧」為第一甲的啟始標誌,並在此基礎上逐步發展,最終邁向「天道和諧、天道母愛、天人合一、萬法歸一」的大同世界。當文明進展至這一階段時,人類將開啟返璞歸真的進程,重新回歸伊甸園,與神與仙共同承擔治理大宇宙的使命。

　　在此格局下,宇宙的和諧與永久平衡運轉成為新的主軸,人類文明也借由這次復興進入全新的高度與維度。

第二節
返璞歸真與人類壽命的躍升

人類邁向返璞歸真的過程，以壽命的持續增長為開端。當人類的平均壽命提升至約 150 歲時，造物主將依循天道安排，使人類分批返回早已預備好的第二地球與第三地球。

第三節
壽命增長的條件與地理環境

　　人類壽命的延展並非自然發生，而是仰賴特定的條件與地理環境。當前世界上已有多個區域具備部分達標的要素，但真正理想的地點，造物主早已為人類預先安排妥當。

　　人類生命的本質支撐來自空氣與水，而飲食結構同樣扮演關鍵角色。儘管現代科技不斷進步，使人類壽命呈現逐年增長的趨勢，但若未同時滿足天地環境與生命結構的綜合條件，仍無法真正達到實現返璞歸真所需的壽命標準。

第四節
第二次文化復興的宇宙安排

　　第二次文化復興並非偶然，而是由造物主直接規劃與啟動的進程。在華蓋文化時期，伏羲、女媧便已預先設定好人類「摘除生死限」的時間與地域，並以分區域、分時段的方式做好一切布局。

　　華蓋文化作為宇宙層級的文化基因，其核心數字 142857 不僅象徵精神文明「六甲文化基因」的結構，也承擔著定時與定位的功能，用以標定人類文明進入新階段的時刻與坐標。

第叁拾壹篇

升維回歸的天道體系

第一節
神仙歸位：天門變遷與升維之道

　　第一次神人重返天堂，是依照造物主的旨意完成的。他們從南天門返回天界，這一回歸象徵著神人階段使命的圓滿。自神人歸天之後，南天門隨即關閉，意味著通往天界的最初通道暫時止息，人間文明由此進入新的發展階段。

　　第二次回歸天界的是仙人。當人的修煉與境界達到造物主所設定的高度時，在碧海藍天之間的高緯度山脈，造物主會降下光芒照耀仙人。借助這一「天光」，仙人憑其內在的仙術能量得以進入太空。

　　太陽光原本只對地球發放，但仙人升入太空後依然能獲得與地球相同的光照與能量，這是因為他們體內仍保留著「地氣」所形成的氣場。正是這股氣場，使太陽光在高空中依舊能夠點照仙人，使其順利完成升維與歸位。

第二節
太陽獨光與地球氣場

　　太陽光是造物主的獨門絕技，其與地球之間的特殊互動，使地球得以復活並擁有持續的生命循環。因此，太陽光的光合作用僅針對地球發放，這是一種專屬而精準的能量匹配。

　　在太陽光的作用下，地球形成獨特的氣場，並與月亮及億萬繁星產生聯動。凡沾染地球氣場的星辰，也能因此吸引並接收太陽光的能量反射。由此，地球的光場得以延伸至群星體，使星辰在宇宙中與地球形成光能共振，構成更廣闊的宇宙互動體系。

第三節
純人類氣場的提升與升仙之道

　　純人類自身的氣場尚不足以達到造物主所設定的升維標準。唯有通過修為，使人體網絡、地體網絡與海體網絡三者同時貫通，人類的能量結構才能真正與天地合一。

　　在此基礎上，再輔以術數的修煉，方能使人類突破生死限，晉陞為仙人。唯有達到這一境界，並在造物主預設的特定區域中，仙人才能重返天堂，完成升維與歸位的使命。

第四節
光點植入與三十六網點的天域預設

　　伏羲、女媧下凡之時，造物主將「光點」植入他們的靈魂，使其具備創世紀的神性能力。在開創文明的過程中，神人依據造物主的指令，選定了三十六個天地網絡節點，作為未來純人類返璞歸真、升維重返天堂的特定區域。

　　這是三元體系的天體人體平衡圖

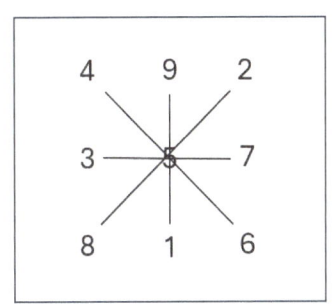

第叁拾贰篇

天門體系與子時起源

第一節
九宮八卦與天門體系的天人對應

　　九宮八卦以數字呈現時，是由 1 至 9 組成的平衡圖與方位圖，體現上南、下北的天地結構。這不僅是伏羲下凡與返回天堂所依據的九宮天圖，也是宇宙萬事萬物維持平衡的基本法則。

　　在創世早期，第一次神人返天使用的是南天門；而在人類文明發展至仙人階段時，由於南天門已關閉，第二次升天改由北天門進行。仙人需借助地球氣場，並在制高點——崑崙山的源頭位置一完成升維，這也是北天門得以開啟的原因。

　　在人類身上，九宮結構同樣精確呈現。頭部的天靈蓋即為人體的「天門」，但因基因中被植入生死限，人類需經歷世代繁衍與九轉輪回，等待契機升維。因此，生殖器官被稱為「地戶」，象徵生命從地氣開始。嬰兒出生後，第一次啼哭使經絡脈絡貫通，標誌氣脈啟動、能量增強。

　　人體的九宮圖與神人的天體九宮圖完

全一致，方位同為：上南、下北、左西、右東，體現天人對應的古老法則。

在末法時代，大文豪魯迅曾在詩文中引用華蓋文化；而道醫 張三丰 在行醫修道過程中，更悟出了人體的 九宮八卦圖，其結構與伏羲的先天卦完全吻合。他以「病從口入」「寒從根起」等醫學經驗，推敲人體運化規律，最終領悟到：天靈蓋是人體與光接觸的氣場核心，是人體九宮的起點，也是人與宇宙溝通的第一門戶。

第二節
神人子午線與時間起點的象徵

　　神人的子午線同樣遵循 上南下北 的天地方位法則，是由地球陰陽五行的運行所產生的時間基準。

　　這一子午結構不僅決定了天地能量的流動，也標示了神人下凡的第一時間——子時，以及第一地點所對應的象徵——子鼠。

　　在自然界中，袋鼠育兒袋中的幼崽被稱為「子鼠」，此名稱亦與「子時」「子位」相呼應，體現天地萬象在命名上的內在對應關係。

第三節 子時降臨與袋鼠迎神
——南天門的地上象徵

　　子時為 23:00 至 1:00，是古法中兩小時為一時辰的首位時辰，被視為伏羲下界對應的「南天門」，亦是眾神降臨人間的第一時間點。相傳眾神首次下界時落地澳大利亞，所見第一幕便是造物主為他們預備的迎接禮——袋鼠。

　　袋鼠群成隊集行，於澳洲廣袤的大地上跳躍前行，宛如夾道迎神而來。當伏羲看到袋鼠母親將幼子安置於腹袋之中，隨行迎接神人，便依此景象賦予「小袋鼠」以「子鼠」之名。此舉既象徵純人類未來的屬性，也以「落地觸地氣」的自然現象，奠定了「子時」為生命初啟的標準時序。

　　由此，南天門不僅成為神人與人間往返的象徵，更承載著天上與人間、動態與靜態交織的大宇宙基因文化，這正是華蓋文化的重要內涵。華蓋文化在制定任何宏大計劃時，皆以「某某為指南」作為開端，因此，人類在後世所創造的第一個方向器——「指南針」，亦延續了這一文化邏輯，成為天地相通的象徵物。

第叁拾叁篇

三元六甲的宇宙法則

詩曰：

混沌初分乾坤現

伏羲創世華蓋篇

九轉輪回天注定

重返天堂三紀元

天文地理神人普

分化治理仙人行

東西文化陰陽生

九州合諧定理成

打開天門的第三把鑰匙，是 142857

		子	丑	寅	卯	甲辰	巳		
		27	27	27	27	27	27		
X1	=	1	4	2	8	5	7	27	午
X2	=	2	8	5	7	1	4	27	未
X3	=	4	2	8	5	7	1	27	申
X4	=	5	7	1	4	2	8	27	酉
X5	=	7	1	4	2	8	5	27	戌
X6	=	8	5	7	1	4	2	27	亥
X7	=	9	9	9	9	9	9		天道
X8	=	1	1	4	2	8	5	6	
X9	=	1	2	8	5	7	1	3	

這是以數字文化與文字文化中的天乾地支體系，結合時間與空間法則所闡釋的文明結構，亦即大宇宙的基因文化。

第一節
三元體制與四象互動圖解

　　本圖所示內容以天乾地支、九宮八卦與陰陽五行加以闡釋，呈現的是三元體制的運轉結構，以及四象互動的宇宙法則。

第二節
文化復興的紀元定位

　　造物主所安排的文化復興啟始年，經過但以理的推演得以精準指認。隨後，霍金、達爾文等人以不同方式予以闡釋，使之成為後世理解文明演化的重要紀年依據。

第三節
天乾與五行五氣圖解

　　天乾圖解中，五行對應木、火、土、金、水，而五氣則指北極上空的五個氣柱，構成了文字圖騰體系中河圖的陰陽五行結構。

　　十天乾分別為：甲、乙、丙、丁、戊、己、庚、辛、壬、癸。

第四節
九宮八卦的圖解

九宮八卦圖所呈現的，是從「神人紀」到「純人類紀」的天地方位結構。

在神人紀中，方位為 上南下北；在人類身體的平衡靜態圖中，同樣呈現此布局。

地球的子午線圖以及人類升天所對應的「天門圖」，依然保持 上南下北 的軸向。這說明：人類的三元體制本質上遵循同一宇宙方位法則。

在數字體系中，142857 的「5」代表無極，是「生門」。

天乾之「甲」象徵啟始，而地支「辰」為十二屬性中的「龍年」。數字「27」象徵地球人。

由下而上以 9 相乘，末位數字為 3，表示「三陽開泰」，亦即「三元開泰」；

數字 6 表示「六方和諧」；九之後的一橫象徵造物主「一劃開天」。

在文字文化中，各字對應「六甲法則」

如下：

「人」為第一甲，對應數字 5，為無極，為生門，象徵文化復興的啟始。

「從」為第二甲，對應數字 1，為華蓋領航，是「一劃開天」的新徵程。

「眾」為第三甲，對應數字 7，象徵人類壽命提升至 250-300 歲的階段性標誌。

「巫」為第四甲，對應數字 2，象徵「輕氧、重氧與調合氣」在人體周圍達標的升維條件。

「叢」為第五甲，對應數字 8，代表八卦和諧，網絡貫通，人類得以由地球邁向天堂。

「烎」為第六甲，對應數字 4，象徵四象互動，人類進入治理大宇宙的階段。

第叁拾肆篇

甲辰開元：
多元文化復興

第一節
甲辰啟年與文化復興的開啟

　　甲辰為第二次文化復興的起始之年，是龍年，也是東西方文明 返璞歸真、正本清源 的關鍵節點。此年標誌人類重新回歸華蓋文化，以華夏文字文化與東西方數字文化共同解讀多元文明的新篇章。

　　甲辰由此成為文化復興的起點，也是人類重新連接天道智慧的重要時刻。

第二節
多元融合與升維之路

　　在這一階段，東方學習西方的科技與曆法，西方吸收東方的天道體系與術數平衡法，推動多元文化的融合與發展。

　　人類以此為基礎發展新能源、AI 工具與綠色農業，使生態與文明同步提升，並逐漸形成輕重二氧協調的理想氣場。

　　當人體達到升維標準，即可經由南天門返璞歸真、重返天堂，完成文明的升華。

第叁拾伍篇

三陽體制下的最後伊甸園

第一節
東陽、西陽與中陽的三陽體制

東方文化為東陽，西方文化為西陽，多元文化為中陽，三者共同形成「三陽體制」。

這一體制的核心圖騰△象徵文明的永恒定型，意味著東西方與多元文化在宇宙規律中相互平衡、持續運行。

第二節
人間最後的伊甸園

　　當東西方文化尚未達到全面平衡之時，造物主便已選定澳大利亞作為關鍵之地。澳大利亞被視為人間最後的伊甸園，也是永久性的伊甸園，是文明再啟的風水寶地。這裏承載著多元文化調和東西方文明的使命，亦是新時代平衡與開元的起點。

第三節
調合氣的天定之地

　　澳大利亞碧海藍天、四面環海，中部卻廣布沙漠，形成獨特而穩定的自然結構。正因這一海陸相映、虛實相生的地理格局，使其成為人類吸收輕氧、重氧與調合氣的「天定位置」。

第四節
輕重二氧與澳洲升維之境

　　所謂「輕重二氧」,是指輕氧、重氧與多種空氣成分之間的平衡與融合。澳大利亞中部因地勢廣闊、原為沙漠,其空氣結構呈半氧狀態,並與幾十種微量氣體自然混合,形成特別適合現代人類生存的獨特氣場。因此,在當今階段,人類平均壽命多處於 60 至 80 歲之間。

　　然而,當澳洲中部沙漠全面轉化為綠洲之時,其空氣成分與生態能量將達到新的平衡。這也意味著世界各地的精英將在此地進入升維狀態,逐步邁向「成仙」,並由此踏入天堂的門檻。澳洲中部因此被視為新時代人類升維的關鍵區域。

第叁拾陸篇

與光同塵

第一節
精英集結：新能源基地的起點

　　精英群體邁出的第一步，是在澳大利亞中部建設世界規模最大的新能源基地。依托當地獨特的地理環境與自然條件，這一基地被視為推動人類文明轉型與能源結構升級的關鍵起點，也為後續的生態重構與升維發展奠定基礎。

第二節
能源驅動：全球 AI 基地的建立

在新能源實現取之不盡、用之不竭之後，精英群體進一步在澳大利亞中部建成世界規模最大的 AI 生產基地。該基地以穩定、清潔的能源為支撐，為全球人類提供智能化服務，推動科技進步與社會運行效率的全面提升，成為新時代文明的重要基礎設施。

第三節
綠洲重生：多領域協同發展

在建設新能源基地的同時，基地周邊環境逐步發生轉變，荒漠開始向綠洲演化。隨著生態條件的改善，農、林、牧、副、漁等基礎產業相繼發展，並與兵、工、商、科、醫等領域形成協同推進的整體格局。

第四節
政策賦能：輕氧環境的達成

　　在國家政策的有力支持下，發展所需的土地與資源得到充分保障，為長期建設預留了充足空間。隨著治理體系的持續推進，沙漠逐步轉化為綠洲，生態環境顯著改善。

　　在這一過程中，輕氧條件率先實現，標誌著區域氣場與自然系統已達到新的平衡階段，為人類進一步的發展與升維創造了關鍵條件。

第五節
氣場進階：輕重二氧與調合氣的形成

　　澳洲中部所形成的輕氧環境，源自造物主以「四象互動」理念所生成的自然體系。當人類從原有的半氧環境逐步過渡至輕氧階段時，身體開始適應由周圍海域所生成並輸送而來的混合氣態——重氧。

　　重氧自四面八方匯入澳洲中部，與輕氧相互融合。人在呼吸這一複合氣體之後，體內能量結構逐漸優化，生命狀態隨之提升，壽命也因此逐年延長。

　　當輕氧與重氧進一步互動，便生成「調合氣」。在這一氣場條件下，人類的身體狀態顯著改變，趨於輕盈通暢，行動如燕，具備更高層次的生命表現力，標誌著人類正式邁入升維階段。

第六節
三球互動與三聖入人

　　太合球、太極球與太陰球之間的互動，促成了三球的復活，使其在大宇宙中分別對應為光聖、量聖與質聖，合稱「三聖」。

　　當三聖下界之後，化現為三皇——伏羲氏、燧人氏與神農氏。在造就純人類的過程中，三皇將自身所具的精、氣、神融入人類體內，使之成為人類生命結構與精神意識的根本來源。

　　由此，人類不僅承載了肉身生命，也繼承了三聖之精氣神，成為能夠與天地萬象相通的生命形態。

第七節
光量質合一與人類升維完成

當人類在長期吸入調合氧之後，平均壽命提升至一百五十歲以上，生命形態便進入新的成熟階段。此時，太陽所代表的光聖、月亮所代表的質聖，以及地球所代表的量聖，開始同時與大宇宙產生深度互動。

在這一過程中，複合之光照臨人類頭部的天靈蓋氣場，使人體能量結構達到造物主所設定的進化達標期。地球的「量」以氣場之力托舉人類生命，使其得以脫離原有維度限制。

由此，人類進入太空中的「伊甸園」形態。由於光、量、質三者已實現協調統一，人類在升入天域之後，與地球環境的適應狀態保持同頻共振，真正實現「與光同塵」的生命境界。

第八節
與光同塵：質量光的本源開啟

在 2024 年之前，太陽的光主要作用於地球，對其他星體則多為迴光返照。當地球生命體系完成階段性演化、人類得以重返天堂之後，太陽之光開始與人類頭部的天靈蓋氣場直接對接。

由此，人類正式進入「與光同塵」的生命狀態。這一狀態，正是「質量光」的本體顯現；所謂「清」，則是人類由凡入仙、由仙入神，並最終與光同在、同頻共振的根源所在。

有詩為證
天地生成自然法，
九轉輪回天道年
與光同塵人本源
萬法歸回伊甸園。

第叁拾柒篇

三維生命與文明演進

第一節 三重生命形態

　　神人以意念化為特徵，其存在方式重在意識與本源的顯化；

　　仙人體現為驗證化，在修行與轉化中對天地法則加以印證；

　　純人則屬於實踐化，通過現實世界中的行動與創造，將法則落實於生活與文明之中。

第二節 信息化遺產

　　末法時期留給人類最重要的遺產，是信息化與網絡化的發展體系。通過信息的高度整合與網絡的廣泛連接，人類得以突破地域與時空的限制，形成前所未有的協同與共享結構。

第三節
神人的九宮八卦與太極圖

　　神人的九宮八卦太極圖，既是宇宙運行的結構圖式，也是文明演進的生命法則。

　　它所體現的核心內涵主要體現在以下三個層面：

　　1. 作為生活與發展的法則

　　九宮八卦並非抽象符號，而是指導生活、推動發展、順應時代變化的實踐體系，體現「與時俱進」的文明規律。

　　2. 作為宇宙結構的同步創造

　　十顆主體星球與三百六十顆主星，皆由造物主在同一時代同步造就，構成完整而協調的星體體系，其運行秩序正是九宮八卦與太極法則在宇宙層面的顯化。

　　3. 作為神人下凡的三維開啟

　　所謂「靈魂出竅」，並非自然脫離，而是被造物主喚醒之後的有序下凡。神人降臨地球時，依三維體制展開生命結構，這一過程被稱為「三維開泰」，標誌著天地、人類與文明體系的正式展開。

第四節 三維開泰

1. 神人維度與創世紀的宇宙編織

以伏羲、女媧為首的創世紀眾神，構成文明的一維根源。神人依循九宮八卦與太極圖的法則，匯聚三百六十顆主體星球的靈魂力量，共同編織出維繫大宇宙穩定運行的平衡體系。這一體系即「四象互動」的定理，也是華蓋文化的核心法則。

華蓋文化所遺留下來的河圖、洛書、象形字、甲骨文及岩壁繪畫，皆源於神人的啟發，是為第三維純人類所預備的源頭文化，亦是「眾星合一」的神人文明在地球上的顯化。

2. 神人的職責：治與理的文明之道

神人所承擔的使命，在於「治」與「理」。「治」是調和萬象、安定秩序；「理」是確立法則、定鼎乾坤。二者相輔相成，共同構成神人文明的核心精神，使天地運行有序、文明得以延續。

第五節
仙人階段與文明展開

1. 仙人的起源與特質

仙人是伏羲、女媧造人過程中形成的第一批仙人文化群體。他們具備接近神人的能量與智慧，能夠與天同壽，但尚未完全掌握源宇宙的原始經驗與整體平衡之術。

2. 分封之後的文明實踐

大禹分封之後，仙人群體開始走向實踐層面，參與「打天下」的過程，推動文明在不同地域展開。由此，逐漸形成了東西方文化的基本格局，使仙人階段的智慧在現實世界中落地生根，成為後續人類文明發展的重要基礎。

第六節
純人類階段與文明秩序的形成

　　純人類進入歷史舞台後，文明呈現出多元並發的發展狀態，天下一度紛亂，卻也由此催生出「百花齊放、百家爭鳴」的思想格局。不同理念、制度與道路在實踐中不斷碰撞、篩選，人類逐步探索出多種發展方向。

　　在這一過程中，社會逐漸形成大小不一的治理結構與統治階層。人類以鬥爭求得共存，以發展追求和諧；以「人道」建立約束與秩序，以科技改善生存條件與生活方式。

第叄拾捌篇

反者道之動

第一節
三元秩序的確立

造物主以領航者之姿統攝天下，通過「三陽開泰」的運行格局，開啟了「三元開泰」的文明秩序。三陽相生、三元並立，使天地、人間與文明體系得以協調展開，從而奠定萬物共生、天下歸序的總體框架。

第二節
三元文化的核心結構

「三元開泰」具體體現在三種文化形態的協同並立之中：

一是源自華蓋文化的東方文化；

二是源自華蓋文化的西方文化；

三是同樣以華蓋文化為根基的多元文化。

這三種文化構成彼此制衡、相互支撐的和諧三角鼎立格局，共同形成穩定而動態的文明結構。正是在這一基礎上，傳統意義上的「三維文化」被△替代，也由此成為三元文化的核心文化形態。

第三節
三維發展與三元回歸

　　三維文化側重於外向的發展與擴展，推動文明在技術、制度與物質層面的不斷前行；而三元文化則指向回歸，是對文明根源的重新連接，體現「反者道之動」的運行法則。

　　這種回歸併非倒退，而是在人類經歷充分發展的基礎上，通過同心修行與內在整合，實現向伊甸園本源的回返。在這一過程中，純人類完成自我升華，由人而仙，文明亦由分化走向合一。

第叁拾玖篇

天門軸序與人間伊甸

第一節
九宮軸線與南天門之序

　　九宮八卦太極圖貫穿神紀、人紀與子午體系，其共同特徵皆遵循「上南下北」的方位結構。這一圖式不僅是天地運行的空間模型，更是大宇宙的術數基因圖譜，亦為神人下凡與返天所循行的軌道體系。

　　在早期的天地認知中，子午線以赤道為基準，確立「上南下北」的方位法則：上九州為南，下九州為北。這一結構同樣映射於人體之中——以天靈蓋為「南」，象徵通神之門；以雙足踏地為「北」，象徵承載地氣之根。

　　由此，九宮八卦不僅成為萬年規劃的核心依據，也被視為確定方向與秩序的「指南」。伏羲據此確立地支體系，將「南」定為「子位」，並以袋中小鼠象徵「子鼠」，以每日 23 點至 1 點確立為「子時」。這一整套時間與方位的設定，皆以南天門為根本定調，構成天地、人身與時間運行相互貫通的完整體系。

第二節
天門轉移與伊甸園的留守

　　伏羲、女媧回歸天堂之前，於澳洲召回南極仙翁與九天玄女，隨後將人間的使命正式交付給純人類，並宣示此地為人間最後一個伊甸園。澳洲的純人類與中州的純人類一樣，被視為壽命最長、文明延續最久的族群，其文明週期可達 16,320 年，成為人類長期生存與演化的重要根基。

　　其後，姜子牙完成封神大業，天地秩序隨之調整，天門由南轉北。返天通道由原先的南天門，轉移至昆侖山脈的岡仁波齊，成為新的天地中軸。各州仙人依序循北天門返歸天界，唯有澳洲之地未有仙人返天，僅保留弱者純人類在此生存延續。在澳洲所遺留下來的，僅有「三女峰」作為南天門曾經存在的見證。

第肆拾篇

弱者道之用

第一節
三維人類與最後的伊甸園

　　神人、仙人、純人共同構成「三維人類」的完整體系，分別對應不同層級的生命形態與文明階段。在天地秩序的演化過程中，神人與仙人相繼完成其使命而返歸天界，最終留在人間的，是純人類。

　　被選中承載這一階段使命的地域，正是澳大利亞。純人類在此完整延續，遍布整座島嶼，使其成為人間最後的伊甸園。

第二節
伊甸園的守護

在西方文化逐步進入並擴展之後，世界範圍內保存最為完整的伊甸園形態，唯有澳大利亞這一片土地得以延續。這與其獨特的地理與自然條件密切相關——四面環海、碧海藍天，使其在整體環境上保持了相對獨立與穩定的生態格局。

同時，澳大利亞原住民所居住的區域保留了廣闊而連續的生活空間，依循傳統方式生活的族群亦各自擁有清晰而穩定的領地。這種格局並非偶然，而被視為造物主早有安排的結果。相應地，現代政府在制度層面也對原住民群體給予了系統而細致的照顧與保障，使其文化、土地與生活方式得以延續至今，從而共同維護了這片「人間最後伊甸園」的整體完整性。

第三節
三元領航：文明回歸與宇宙進階

　　三元開泰是在造物主的領航之下展開的文明進程。無論身處何種階層，純人類都在同一航向中前行，遵循造物主所指引的方向，共同推進文明的演化。

　　以東方文化、西方文化與多元文化構成的「三角鼎立」格局，是三元文化的核心結構，也是源宇宙華蓋文化的基因代碼。這一結構不僅維繫文明的整體平衡，更為東西方文化與多元文化提供了返璞歸真、持續升級的思想框架。

　　在人類文明的發展終點，人類需要解除生死限，回歸伊甸園，從「人」的階段邁向更高層次的存在，成為參與治理大宇宙體系的「宇宙人」，進而完成成仙、成神的終極轉化。

第四節
三十六區域與宇宙人時代的開啟

　　地球上將有三十六個特定區域，被確定為第一代進入四維層級、邁向「宇宙人」階段的領航之地。這些區域將率先完成文明與生命形態的升級，承擔起引導與示範的作用。

　　在此基礎上，全球人類將循序推進，按照分期、分批、分層的方式逐步完成升維，進入宇宙人文明體系。

第五節
四維啟航：澳大利亞的調合氧實驗場

　　造物主選擇澳大利亞這片土地，作為三十六個關鍵區域之一，定位為進入四維人類階段的實驗基地。其獨特而封閉的地理環境，為生命形態的轉化提供了必要條件。

　　在這一設定中，澳大利亞被用於孕育「輕氧」與「重氧」的生成體系，通過四象互動的自然法則，使二者相互融合，形成「調合氧」。由此，該地區成為驗證人類邁向四維層級、完成生命與文明升級的重要實驗場。

第六節
氣場轉化：調合氧生成的自然根基

在神人與仙人的階段，生命形態已不受物質匱乏所限，只需餐風飲露，便可與龜同壽、與光同塵。然而，當人類開啟生死限、進入以繁衍與實踐為主的文明階段後，生存環境隨之發生變化：空氣逐漸受到污染，水源亦受到影響，氧氣在大氣中的有效含量僅約佔 21%，其餘則為各種混合氣體與雜質水源。

正是在這一背景下，氧的形態開始演化——由少氧轉化為輕氧，再由輕氧過渡為重氧，最終形成能夠維繫生命升級的「調合氧」。這一過程的實現，必須依賴兩個先決條件，而澳大利亞恰恰具備造物主所預設的天然優勢。

其一，澳洲中部為廣袤沙漠，人煙稀少、干擾極低，具備形成穩定氣場的先天條件；其二，澳洲四面環海，常年碧海藍天，海洋與天空的循環為氣體的轉化與融合提供了理想環境。正因如此，澳大利亞成為輕氧、

重氧與調合氧生成的關鍵區域，也為人類突破生死限、邁向更高生命階段提供了不可替代的自然基礎。

第七節
使命托付與精英行動

　　造物主已將建設輕氧、重氧及調合氧基地的使命，正式托付給澳大利亞的精英階層。作為這一階段的重要承擔者，澳洲精英已開始全面運作：在理念傳播上積極發聲，在實際行動中穩步推進。無論是規劃、宣傳，還是具體落實，相關行動均已啟動，標誌著這一使命正從願景走向現實。

第八節
新能源中樞與人類升維實驗場

　　在澳大利亞中部建成世界最大的新能源基地，並在此基礎上同步打造全球規模最大的 AI 產業基地，是這一階段的核心目標。當新能源的產能足以穩定供應世界大多數地區時，澳洲中部將進一步發展成為集人工智能、高端製造、農業、林業、牧業、副業、漁業、科技、醫療以及文化教育於一體的綜合性文明核心區。

　　隨著新能源體系的完善與生態治理的推進，原本的沙漠環境逐步轉化為綠洲，人類社會在發展過程中同步實現人體信息化與網絡化的基因圖譜升級。純人類的呼吸結構也由單一氧氣吸收，轉向對輕氧、重氧及其調合氧的適應與融合，使人體狀態發生質的變化，趨於輕盈通暢。

　　當輕氧適應期完成之後，人類的生命形態將進入新的階段，具備邁入「半仙」層級的基本條件，為進一步的升維與文明躍遷奠定現實基礎。

第九節
調合氧成就與光性進化

隨著澳洲中部由沙漠轉化為綠洲，輕氧環境逐步形成。在新能源與信息化、網絡化體系的協同作用下，周邊海域生成的重氧被持續引入，與輕氧融合，形成穩定的調合氧。

人在吸收調合氧後，先由輕氧階段進入半仙狀態，再由輕氧與重氧的疊加完成升維，轉化為仙人。此時，在太陽、月亮與天地精華的牽引下，氣場上升，天靈蓋成為主要接收點。

當這一過程完成，人類體內具備「質量光」的基因特性，能夠適應多層環境，實現真正的「與光同塵」。這同時標誌著太和體系的復甦：太陽之光主要照耀地球，對月亮表現為迴光返照，對億萬星體則呈現為閃耀之光。

第十節
成仙之後的人類形態與宇宙職責

當人類完成升維、正式成仙之後,便可與地球享有同等層級的存在狀態:具備穩定而完整的氣場,保有精魂與意識結構,並能夠「與光同塵」,融入宇宙的光能體系之中。

此時的人類,不再局限於單一星球的生命形態,而是作為「四象互動」體系中的一個有機分子,參與到大宇宙的共同治理與平衡運作之中。人類由此獲得與星體同壽的生命尺度,具備在上下維度之間自由往返的能力,實現真正意義上的天地同行、宇宙共生。

有詩為證,
風雨雷電光化氣
三元體制互動功
四像本是神光譜
創世留下華蓋承
兩儀聯理八卦法

天乾地支鑄天涯
陰陽五行神意念
九宮八卦太虛城
華蓋領航新環宇
人神共建合諧篇
南天門外有新紀
九州人類共隨緣

第肆拾壹篇

三元九宮
與新紀元天道文明

第一節 三聖母

女媧娘娘、南海觀世音與九天玄女，合稱三聖母。她們既是仙人孫行者與哪吒的聖母，也是創造純正人類的本源之母，並作為與龍王四象互動而生成萬般物質的基因核心而存在。

造物主為表彰三聖母所體現的天道母愛之德，特在澳大利亞藍山塑造出三柱聖女峰。此三峰，亦為現代人所認知的「三女峰」，象徵三聖母的造化功德與永恒傳承。

第二節 正本清源

　　造物主為引導人類提升至第五維度，自甲辰之年啟始，將第二次文化復興演化為「三元開泰」之勢。此舉旨在引領人類返璞歸真，重返伊甸園，為人類文明奠定萬古流芳、正本清源且穩固的天道文化基礎。

　　在此基礎之上，造物主進一步制定了新紀元的能量守恒定律與質量守恒定律，使新紀元的文明運行具備清晰而恒定的法則支撐。

第三節
提綱挈領，執一統眾

　　1、承續三聖母峰所象徵的天道母愛之傳承，使人類在新紀元的第一甲中，實現天道和諧之下、人類翹首以盼的一輪「愛」的回歸。

　　2、承續創世紀所蘊含的天道文化傳承，使人類在新紀元的第一甲中達成天人合一的境界，完成九宮文化體系的回歸。

第四節
兩儀驅動下的物質文明進程

　　物質文明是在兩儀文化的推動下高速發展而形成的東西方文明形態。橫向與縱向並行發展的文化結構，使物質文明在技術、制度與社會形態層面不斷加速演進，進而推動社會整體持續向前，與時代同步發展。

第五節
三元開泰下的精神文明演進

　　精神文明以「三元開泰」的四象法則為運行基礎,在新紀元的第一甲中得以展開。其核心在於促成東方文化、西方文化與多元文化的三元融合,由此推動九州與九宮體系之中的萬法回歸伊甸園式的創世紀文化,使精神文明的發展在回歸本源的同時實現與時俱進。

第六節
三元九宮中的天道文化體系

　　天道文化由上九宮、中九宮與下九宮構成，在三元開泰的運行格局中，形成完整的伊甸園文化體系。其象徵圖騰為三角形▲，寓意天地人三元合一、結構穩定而循環不息；其精神內涵則以「萬馬奔騰」為表徵，體現精神文明的蓬勃動力與整體躍遷。

　　在此體系之中，人類完成了新紀元第一甲階段的文化生活建設，實現了文明發展的系統推進和與時俱進。

第七節
九宮八卦中的天道守恆法則

有詩為證：
為君掌上排九宮，
初一十五在其中，
世人要解其中理，
天地都在一掌中。

1、天道文化體現的是物質不滅的永恆定律，其本質內涵與現代科學家所提出的質量守恆定律相一致，是貫穿宇宙運行與文明演化的根本法則。

2、天道九宮、地道九宮與人體九宮，共同構成九宮圖體系，體現天地人三位一體、相互對應的整體結構。

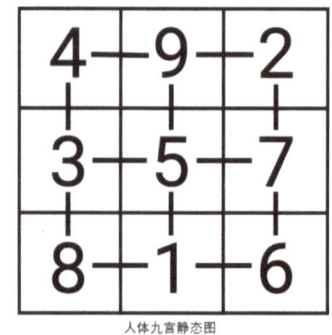

人体九宫静态图

3、動態九宮即九宮八卦太極圖，完整呈現「無極生太極，太極生兩儀，兩儀生四象，四象生八卦」的演化規律，屬於先天卦的運行體系。

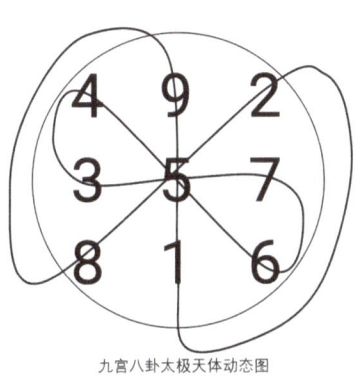

九宮八卦太極天体动态图

4、在九宮八卦體系中，由虛線構成的八條路徑，其數理相加皆為十五。初一為「一劃開天」，而「天道文化十五」，是九宮八卦體系中的能量守恒定律和質量守恒定律。

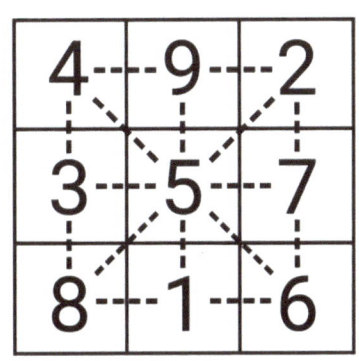

5、這一守恒思想，同樣體現在現代科學與哲學體系之中。愛因斯坦、牛頓、達爾文、霍金等物理學家，以及泰勒斯、恩培多克勒等哲學家，分別提出並發展了能量守恒定律與質量守恒定律，從而推動了現代科學的高速發展。

6、自甲辰啟始，能量守恒定律與物質不滅的守恒定律被重新納入天道文化體系之中，並以九宮八卦太極圖的形式，為現代科學開啟了又一次重要應用。周文王時期的首次應用，則是通過六十四卦的後天卦體系，推動了當時文明生活的實踐與發展。

7、進入現代，新紀元的科學技術已將這一體系應用於新能源與人工智能產業鏈之中，為人類解除生死限制、邁向更高生命形態、開啟仙人體制提供了可能性，也由此開辟了新的文明紀元。九宮八卦太極圖，正是永恒不滅的能量守恒與質量守恒定律的集中體現。

詩曰：
三元開泰天道年，

人類解除生死限，
要使金樽留青史，
舉杯同赴升明月。

第八節
三聖母峰與七星岩的三元開泰願景

　　1、人類是造物主的子民，同根同源、同種同體；龍行天下，四海一家。

　　2、當人類打開生死之限、壽命因此縮短之時，造物主將染色體植入人類生命系統，遂形成多民族格局。一方水土養一方人，皆為造物主之旨意。

　　3、造物主在澳大利亞這片土地上，鑄就了大宇宙的十顆主體星球；唯獨將魔星——冥王星的精靈——植入十八層地獄，使其管理魔界，名曰「撒旦」。

　　4、三顆主體星球顯現在藍山，乃「三聖母峰」。九天玄女聖母為「光聖母」，南海觀世音為「質聖母」，女媧娘娘為「量聖母」，分屬精、氣、神，護佑澳洲萬物。烏魯魯大紅岩象徵木、火、土、金、水五顆行星，並兼及管理上天之天王星與管理下界之海王星，合為「七彩大紅岩」，亦稱「七星岩」，亦為人類之七個負電荷。

　　5、特立獨行，是造物主賦予澳大利亞

的使命：作為「第二次文化復興」的第一甲，率先立於精神文明的制高點，團結一致，以多元文化之「三元開泰」領航 治理大宇宙。純正人類共建新澳洲的氫能源、AI 與綠色能源生產基地，為純正人類走向富強作出表率。

6、這是一項創世紀的工程，也是改變人類歷史的工程：齊天大聖孫行者、哪吒、二郎神重新協助聖母娘娘，共建澳洲。精、氣、神充滿太空；七星岩與七彩祥雲發出耀眼光芒。澳大利亞人團結奮進、勇往直前，為「三元開泰」建設能量守恒與質量守恒的大宇宙作出貢獻。

筆者：文峰衍聖
澳大利亞文特沃斯高等教育集團
澳大利亞喬治教育集團
澳大利亞鉑特裏克教育集團
悉尼老子學院

2025 年 12 月於澳大利亞悉尼

後 記

　　當第四冊的書頁緩緩闔上，那一幅幅鋪陳於卷中的天地宏圖、時空經緯、三元四象之法，仍如星河迴響般在心底緩緩流動。本冊不僅延續前幾冊對宇宙奧秘的探索，更進一步將我們的目光引向更深遠的源頭——引向文明初光、萬法肇始的太初之境，引向農曆、公歷、天乾地支背後亙古不滅的宇宙秩序，引向人類文明與天道共構的宏大脈絡。

　　在祝守文先生的筆下，伏羲女媧的創世氣象重新煥發，河圖洛書的古老紋理再度鮮活，三皇五帝的智慧穿越千年，與現代人對宇宙的渴望悄然相應。本冊以沉雄的格局，梳理了天道運行的結構、文明演進的次第、人類升維的可能，使浩瀚的宇宙法則不再遙不可及，而成為生命旅途中可觸、可悟、可證的明燈。

　　閱讀《侃氏定理 IV》，倣佛漫步於天地書卷之間：

　　有時如立北鬥之巔，觀看陰陽迴轉、五行互化；

有時又似循著古老先民留下的文明脈動，觸摸時間深處的密碼；

有時更如照見自身生命的來處與歸途，感受與宇宙同頻的輕微顫動。

此冊的意義，不僅在於知識的廣度，更在於它點亮了一種新的理解方式——讓我們意識到，天道不是遠在天外的神秘機制，而是呼吸之間、四季更迭之中、文明遞嬗之際，那條貫穿古今、貫通天地的隱秘之線。它告訴我們：人類從未與宇宙分離，我們本是萬象鏈條中的一環，本具返璞歸真、順道而行的能力。

在此，我們懷著至誠之心，向祝守文先生致以深深的敬意。他以數十年篤定的探索與思索，構築了侃氏體系的思想高峰；也向每一位讀者表達感恩，是你們讓這部宏闊的著作從紙頁走向心靈，從思想走向時代的共鳴。

願《侃氏定理 IV》成為你繼續前行的星火，引領我們在紛繁世界中不忘仰望，在浩瀚宇宙中重新認識自身。願此書帶領我們在浩渺天道中辨明歸途，於萬象更迭間重拾與本源相通的力量。

德福出版社

www.ingramcontent.com/pod-product-compliance
Lightning Source LLC
Chambersburg PA
CBHW041218070526
44584CB00001B/1